INHALT

> SZENE

S. 12–15: Trends, Entdeckungen, Hotspots! Was wann wo an der 1Mecklenburgische Seenplatte los ist, verrät der MARCO POLO Szeneautor vor Ort

> 24 STUNDEN

S. 90/91: Action pur und einmalige Erlebnisse in 24 Stunden! MARCO POLO hat für Sie einen außergewöhnlichen Tag an der Seenplatte zusammengestellt

> LOW BUDGET

Viel erleben für wenig Geld! Wo Sie zu kleinen Preisen etwas Besonderes genießen und tolle Schnäppchen machen können:

Günstig übernachten in der Stadt S. 35 | Snacks im Schnick-Schnack S. 44 | Sparen mit der 1000-Seen-Card S. 56 | Im Winter fast umsonst wohnen S. 64 | „Museumsmeilen" abwandern S. 75 | Fisch vom Frischesten S. 80

> GUT ZU WISSEN

Was war wann? S. 10 | Bücher & Filme S. 20 | Spezialitäten S. 26 | Blogs & Podcasts S. 55 | Trabant fahren S. 68 | www.marcopolo.de S. 100 | Was kostet wie viel? S. 102 | Wetter in Waren S. 103

AUF DEM TITEL
Adler & Katen und noble Herrenhäuser S. 18 Ungewöhnlich übernachten S. 41

ENTDECKEN SIE DIE MECKLENBURGISCHE SEENPLATTE!

Unsere Top 15 führen Sie an die traumhaftesten Orte und zu den spannendsten Sehenswürdigkeiten

Die Highlights sind in der Karte auf dem hinteren Umschlag eingetragen

1 Badewannenrallye
Feuchtfröhliche Gaudi mit selbst gebastelten Wasserfahrzeugen in Plau am See (Seite 23)

2 Dom
Dieses Meisterwerk der Backsteingotik mit seinen imposanten Ausmaßen und einem fantastischen Ausblick vom 117 m hohen Turm steht in Schwerin (Seite 33)

3 Schloss
Mit seinen Türmchen und Erkern könnte das Schweriner Schloss aus einem Märchenbuch stammen (Seite 34)

4 Ludwigslust
Schloss und Park in der einstigen Residenzstadt sollten das „Versailles von Mecklenburg" werden (Seite 36)

5 „Der Schwebende"
Ernst Barlachs Plastik für die Opfer des Ersten Weltkrieges ist berühmter als der Güstrower Dom, in dem sie hängt (Seite 41)

6 Archäologisches Freilichtmuseum
Ein Blick auf unsere Vorfahren im rekonstruierten altslawischen Tempelort in Groß Raden (Seite 47)

7 Warnow-Durchbruchtal
Wild rauschend fließt der kleine Fluss durch das bewaldete Tal nördlich von Sternberg (Seite 47)

8 Müritzeum – Haus der 1000 Seen
Waren präsentiert die Unterwasserwelt von Deutschlands größtem See in einer riesigen Aquarienlandschaft (Seite 57)

> DIE BESTEN MARCO POLO HIGHLIGHTS

 Müritz-Nationalpark
Auf 400 km Wander- und etwa 200 km Radfahrwegen die geschützte Landschaft erleben (Seite 59)

10 Ivenack
Der stärkste Baum der berühmten Eichen ist älter als das Land Mecklenburg (Seite 66)

11 Burg Schlitz
Park mit mehr als 40 Denkmäler, einem zum Luxushotel gewordenen Schloss, Kapelle und Nymphenbrunnen (Seite 69)

12 Modellpark Mecklenburgische Seenplatte
Fast alle bedeutenden Baudenkmäler Mecklenburgs stehen in der Anlage in Neubrandenburg (Seite 73)

 13 Stadtbefestigung
Neubrandenburg besitzt die mit vier prachtvollen Stadttoren und 27 rekonstruierten Wiekhäusern am vollständigsten erhaltene mittelalterliche Wehranlage in Norddeutschland (Seite 73)

14 Schmaler Luzin
Mit einem Ruder- oder mit einem Elektroboot den 7 km langen, wohl am schönsten gelegenen See des Bundeslandes bei Feldberg erkunden (Seite 79)

15 Touristenflöße
Auf zu großen Flößen zusammengebauten Holzstämmen wie in vergangenen Jahrhunderten über die sieben Seen schippern, die Lychen umgeben (Seite 80)

WAS FÜR TOLLE SEEN!

Müritz bei Klink

AUFTAKT

> Mehr als tausend Seen sind in die Wald- und Wiesenlandschaft eingebettet, Flüsse und Kanäle verbinden sie zur größten zusammenhängenden Seenlandschaft Mitteleuropas, einem Eldorado für Wassersportler. Man segelt und surft, fährt Wasserski, wandert mit dem Kanu oder schippert mit dem Hausboot über die Seen. Große Teile des Naturparadieses, der Heimat von See- und Fischadlern, schützen der Müritz-Nationalpark sowie fünf Naturparks. Uralte Alleen führen zu Kleinstädten mit verwinkelten Gassen, beschaulichen Dörfern sowie zu Schlössern, Guts- und Herrenhäusern, zu denen oft kleine und große Parks gehören.

> Zauberhaft Schönes hält die Mecklenburgische Seenplatte für Sie bereit. Wer zum ersten Mal hierher kommt, steht überrascht vor vielen idyllischen An- und Ausblicken: Wiesen voller blühender Orchideen, über denen Fischadler elegante Kreise ziehen, verschwiegene Wasserwege, in deren Schilfgürtel der Haubentaucher brütet, kopfsteingepflasterte Alleen, deren Bäume ein Dach aus Blattgrün bilden ... Weit können die Blicke von Kirchtürmen über das flache Land schweifen, besonders im späten Frühjahr bieten sich reizvolle Bilder, wenn die gelben Rapsfelder in der Ferne mit dem blauen Himmel aneinanderzustoßen scheinen.

> Ein wahres Eldorado für Wassersportler

Und überall Wasser, die berühmten Seen, mehr als tausend sind es insgesamt. Keiner gleicht dem anderen. Vorspringende Landzungen und Inseln zieren die einen, andere sind von Hügeln und Wald umrahmt. Viele liegen in stiller Abgeschiedenheit, mit blühenden Seerosenfeldern und moorigen Ufern. Andere sind von Ruder- und Segelbooten belebt, Fahrgastschiffe drehen gemächlich ihre Runden, am Ufer stehen bunte Zelte. Wer den Wassersport liebt, findet hier ein wahres Eldorado vor. Kleine und große Seen überziehen das mecklenburgische Land, darunter Deutschlands zweitgrößter, die Müritz. „Morcze" nannten ihn die Slawen – „kleines Meer". Der Schriftsteller Theodor Fontane verglich die Müritz schwärmerisch mit dem Tanganjika-See in Ostafrika. Gut 150 km erstreckt sich die Mecklenburgische Seenplatte von Schwerin bis Feldberg. Die größte zusammenhängende, mit Kanälen verbundene und befahrbare Seenplatte Mitteleuropas hat keine exakten Grenzen, der eine zieht sie enger, der andere etwas weiter, die Zahl der genannten Seen schwankt deshalb erheblich.

Wohl kaum ein Paddelrevier in Deutschland ist für Kanutouren besser geeignet

Längst hat es sich herumgesprochen: Hier gibt es noch heile Natur! Überlaufen sind die kleinen Städte und romantische Dörfer mit fast noch spätmittelalterlichem Flair aber selbst in den Sommermonaten nicht – das Land ist nur dünn besiedelt. In der agrarisch geprägten Region hat sich kaum Industrie angesiedelt, die Luft ist reiner als in vielen anderen Gegenden, mancher See hat sogar noch Trinkwasserqualität. Und so tummelt sich in den Gewässern der Hecht, und an stillen Uferböschungen baut der Eisvogel seine Röhren. Die mancherorts unberührte Landschaft ist für viele Tierarten eins der letzten deutschen Refugien, und das wird so bleiben, wenn jeder Besucher es respektiert. Mehr als tausend Käferarten krabbeln im Gebiet der Seenplatte, und etwa achthundert Schmetterlingsarten flattern hier umher. Über die Baumwipfel und Wasserflächen schweben die imposanten Großvögel Seeadler, Fischadler, Kranich und

Schwarzstorch. Um diese Landschaft für die kommenden Generationen zu erhalten, gibt es den Müritz-Nationalpark und fünf Naturparke.

> **Hier gibt es allerorten noch heile Natur**

Mecklenburg gehörte zu den rückständigsten deutschen Gebieten. Als letztes Land hob es 1820 die Leibeigenschaft auf. Sarkastisch schlug Nationaldichter Fritz Reuter für die Landesverfassung vor: „Paragraf 1: Allens bliwwt bi'n Ollen. Paragraf 2: Nix ward' ännert." Und von Bismarck, Deutschlands erstem Kanzler, sollen die Worte stammen: „Wenn die Welt untergeht, ziehe ich nach Mecklenburg, denn dort passiert alles 50 Jahre später." In die Dörfer führen wie zu Urgroßvaters Zeiten Straßen mit Buckelpflaster, von alten Eichen und Linden gesäumt und halb vergessen. Die aus Feldsteinen gemauerten Katen, vielerorts jedoch bereits zu DDR-Zeiten modernisiert, entstanden einst für die Landarbeiter.

Die Seenplatte ist ein Paradies für Naturfreunde und Freizeitkapitäne. Die Menschen leben im Einklang mit der Natur, doch davon können sie ihr Leben nicht bestreiten. Der Tourismus ist für diese Region wie für das gesamte Bundesland Mecklenburg-Vorpommern existenziell wichtig. Deshalb hat man in den letzten Jahren – ohne die Natur aus dem Auge zu verlieren – die Infrastruktur verbessert und zum Beispiel zahlreiche Häfen modernisiert. Allein in den Häfen und Marinas rund um die

WAS WAR WANN?

995 Zum ersten Mal wird die Michelenburg (später Mecklenburg) in einer Urkunde Ottos III. erwähnt

1160 Heinrich der Löwe besiegt Niklot, den letzten freien Obotritenfürsten

1549 Einführung des protestantischen Glaubens als Landesreligion

1701 Teilung des Landes in die Herzogtümer Mecklenburg-Schwerin und Mecklenburg-Strelitz

1815 Großherzogtitel auf dem Wiener Kongress für beide Mecklenburgischen Herzogtümer

1819 Aufhebung der Leibeigenschaft (1820 vollzogen)

1919 Mecklenburg-Schwerin und Mecklenburg-Strelitz werden bürgerlich-demokratische Freistaaten

1945 Schwerin wird Hauptstadt des neugebildeten Landes Mecklenburg Vorpommern in der Sowjetischen Besatzungszone

1949 Gründung der Deutschen Demokratischen Republik (DDR)

1990 18. März: erste freie Wahlen in der DDR. 3. Oktober: Beitritt zur Bundesrepublik Deutschland. Das Land Mecklenburg-Vorpommern entsteht wieder

1995 Region und Land feiern das 1000-jährige Bestehen von Mecklenburg

2007 Das 2000 m² große Informations- und Erlebniszentrum Müritzeum öffnet in Waren an der Müritz

2009 Unter dem Motto „Sieben Gärten mittendrin" findet in Schwerin die 30. Bundesgartenschau statt.

Müritz gibt es mehr als 3000 Liegeplätze, zu DDR-Zeiten fanden hier nur etwa 250 Boote Platz. Die Hotels wurden fast alle auf internationalen Standard gebracht, viele neue sind entstanden. Die Hotellerie der Seenplatte gehört zur modernsten in Deutschland. Hotels werden nur noch wenige gebaut, weitere Freizeiteinrichtungen sollen vor allem entstehen, um die Sommersaison zu verlängern – Ziel ist es, ganzjährig viel mehr Gäste in das schöne Land zu holen. Die 2000 eröffnete Urlaubs- und Freizeitanlage Land Fleesensee, die sich harmonisch in die Landschaft einfügt, und 2009 mit einem weiteren von der TUI betriebenen Hotel erweitert wurde, folgt diesem Trend. Rund vierhundert Arbeitsplätze sind durch diese Ferienanlage im Herzen der Seenplatte geschaffen worden, und die gesamte Region hat einen wirtschaftlichen Schub bekommen.

> **Prägende Baustile: Renaissance und Backsteingotik**

Mecklenburg war das Land der Kontraste – die Katen liegen im Schatten der Herrenhäuser, die ihrer Pracht wegen hier meist als Schloss bezeichnet werden. Zu Ruhm über die Landesgrenzen hinaus gelangten das Residenzschloss in Schwerin und das Schloss in Güstrow, der wohl prachtvollste Renaissancebau Norddeutschlands. Wer in die Kirchen schaut, staunt über die Fülle sakraler Kunst. Wer hätte das in dieser Region vermutet! Erbaut sind die Kirchen meist aus Backstein, dem berühmten gebackenen Ziegel, der im 14. und 15.

Jh. seine große Zeit hatte. Backsteingotik nennen Kunstgeschichtler den Norddeutschland prägenden Architekturstil. Zum Schönsten der Backsteingotik zählen der Ostgiebel der Marienkirche und die vier Stadttore in Neubrandenburg sowie der Dom in Schwerin.

Die Herzöge dieser Region waren oft zerstritten. Besonders heftiger Streit lenburg-Strelitz) saßen im heute nicht mehr vorhandenen Schloss in Neustrelitz. Ab 1815, seit dem Wiener Kongress, durften sich beide Großherzog nennen.

Eile scheinen die Mecklenburger nicht zu kennen, sie gehen alles ruhig und gelassen an. Geschwätzigkeit ist ihnen fremd, zurückhaltend und wortkarg werden sie genannt. Hinter der

Das Versailles von Mecklenburg sollte es werden: Schloss Ludwigslust

entbrannte, wenn es um Erbschaften ging. Das führte zu mancher Teilung, so auch 1701. Der westliche Teil des Landes (Mecklenburg-Schwerin) wurde fortan vom Schweriner Schloss aus regiert, eine Zeit lang auch von Ludwigslust. Die Regenten des östlichen Teils (des Minilandes Mecklenburg-Strelitz) saßen im heute nicht rauen Schale, die ihnen nachgesagt wird, verbergen sich allerdings zuverlässige, hilfsbereite Menschen und vor allem gute, aufmerksame Gastgeber, die ihr zauberhaftes Land mit den schattigen Wäldern, den weiten Feldern, stillen Seen und seiner Ruhe und Beschaulichkeit lieben.

▶▶ WAS IST ANGESAGT?

Trends, Entdeckungen und Hotspots. Unser Szene-Scout zeigt
Ihnen, was an der Mecklenburgischen Seenplatte los ist

Anke Harnack

ist freie Journalistin beim *Norddeutschen Rund-
funk* und moderiert Radio- und Fernsehsendun-
gen. Nachdem sie in den unterschiedlichsten
Regionen Mecklenburg-Vorpommerns gelebt
hat, hat sie sich für Schwerin entschieden. Das
Nachtleben, die sieben Seen, die Kunstszene –
an der Seenplatte hat Anke Harnack alles, was
sie liebt. Kein Wunder also, dass sie die Gegend
in- und auswendig kennt.

▶▶ ROCKABILLY RULES

Revival der Tolle

Haartolle, Jeans mit Umschlag und schmale Krawatte – Buddy Holly lässt grüßen. Was sich
nach 50er-Jahre Klamotte anhört, ist an der Seenplatte groß im Kommen. Doch wer denkt,
dass es sich hier ausschließlich um einen Modetrend handelt, liegt falsch. Rockabilly-
Bands wie *The Jukeboys* aus Neubrandenburg *(www.jukeboys.de)* erobern die Musik-
szene. Im *Zeppelin* haben Bands wie *The Ford Broncos* ihre großen Auftritte und versetzen
die Zuhörer in längst vergangene Zeit *(Wismarsche Str. 126–128, Schwerin, www.zeppe
linclub.de)*. Auch im *Café Subversiv* dröhnt neben Punkrock und Ska Rockabilly aus den
Boxen *(Friedensstr. 22, Schwerin, www.myspace.com/subversivschwerin, Foto)*.

SZENE

▶▶ HAUTE CUISINE

Lokal und Kreativ

Fast zu schade zum Essen, was an der Seenplatte auf die Teller kommt. Aber wer will sich schon die exklusiven Köstlichkeiten von Chefkoch Raik Zeigner im Hotel-Restaurant *Ich weiß ein Haus am See* entgehen lassen? Sein Gespür für feinen Geschmack gibt der Gourmet auch in hauseigenen Kochkursen weiter *(Altes Forsthaus 2, Krakow am See, www.hausamsee.de)*. Wie man aus lokalen Produkten kleine Kunstwerke zaubert, weiß Andreas Mahr, Chefkoch des Hotel-Restaurants *Kleines Meer (Alter Markt 7, Waren, www.kleines meer.de)*. Die hohe Kunst der kreativen Küche kennt auch Rainer Wolters vom *Chez Lisa (Golf- und Wellness-hotel Schloss Teschow, Gutshofallee 1, Teschow, www.schloss-teschow.de)*.

▶▶ KUGELRUND & TREFFSICHER

Trendsport Boule

Dank des neuen *Boulodroms* am Stadthafen von Schwerin *(im Beutel, am Werderhof rechts)* erfährt der Sport rund um die Kugel kräftigen Aufwind. Umgeben von maritimem Flair trumpft das Boulodrom mit mehr als 20 Bahnen auf. Der Vorteil: Die Bodenverhältnisse sind unterschiedlich und teils sehr kniffelig. Dienstags und donnerstags ab 17.30 Uhr und sonntags ab 15 Uhr treffen sich hier die Lokalmatadore von

Autonome Pfaffenteich Boule Connexion – kurz *A.P.B.C* – zu Trainings- und Funspielen. Gastspieler sind jederzeit willkommen *(www.boule-mv.de, Foto)*. Weitere Boulebahnen warten im *Modellpark* darauf, bespielt zu werden *(Wilhelm-Külz-Str. 1, Neubrandenburg, www.modellpark.de)*. Außerdem finden immer wieder Bouleturniere im *Schlosspark Lelkendorf* statt *(Schlossweg 1, Lelkendorf, www.schloss-lelkendorf.de)*.

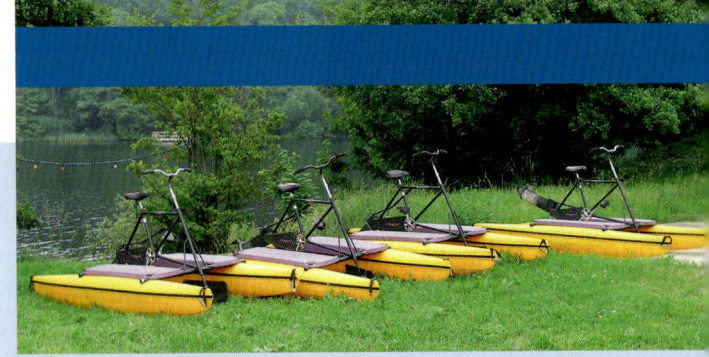

▶▶ WATERPROOF

Nasser Sport

Das gute alte Tretboot hat ausgedient. In der Region düsen sportliche Trendsetter mit Funbooten übers Wasser. Was ergeben ein Fahrrad, zwei Schwimmbojen und ein Schraubenantrieb? Genau – ein Hydrobike! Sowohl in der *Treff-Erlebnisgastronomie* (*Güstrower Chaussee 9, Krakow am See, www.treff.m-vp.de*, Foto), als auch an den Stationen von *Wanderer Kanu, Rad & Reisen* z. B. am *Seehotel* (*Goethe-Allee 1, Krakow am See*) stehen die Sportgeräte zum Mieten bereit (*www.wanderer-kanu-outdoor.de*). Gruppendynamik herrscht im Drachenboot. Bis zu 20 Paddler versuchen, das Boot – ohne dabei umzukippen – übers Wasser zu bringen. An der Kanustation in Mirow kann man das Funboot ausleihen (*An der Clön 1, www.kanustation.de*).

▶▶ LESEZEIT

Mehr als nur Worte

Trotz Internet und neuer Medien finden Lesungen immer mehr Anklang. In der Buchhandlung *Weiland* locken sie regelmäßig nicht nur Leseratten, sondern auch „Neuleser" an (*Marienplatz 3, Schwerin oder Stargarder Str. 13, Neubrandenburg, www.weiland.de*, Foto). Der *Hans-Fallada-Klub* e. V. (*www.hans-fallada-klub.de*) Neustrelitz veranstaltet monatlich die Lesereihe *VollmOnd* im *Hotel Schlossgarten* (*Tiergartenstr. 15, Neustrelitz, www.hotel-schlossgarten. de*). Ein fester Bestandteil der Strelitzer Leselandschaft ist auch die *Lesenacht* geworden. An außergewöhnlichen Schauplätzen tragen Autoren oder Lesebegeisterte kurze Texte vor. Mittlerweile ist die Lesemanie so weit fortgeschritten, dass es nicht verwunderlich ist, dass Frank Pergande nun der Region einen Krimi widmet. Der Strelitz-Krimi heißt nicht nur „Mitten ins Herz", er trifft auch genau dorthin.

>> SCHWERIN IST IN

Mainstream war gestern

Die Schelfstadt in Schwerin mausert sich zum Szenerevier. Der Bummel durchs Viertel beginnt rund um die Münz- und Friedrichstraße *(www.friedrichstrasse-schwerin.de,* Foto*)*. Unbedingt einen Stopp im *Textilkombinat* einlegen und in den Secondhandkollektionen von bekannten Designern stöbern *(Friedrichstr. 8, www.textil-kombinat.de)*. Weiter geht's in die größte Tapetensammlung zwischen Hamburg und Berlin – ein Paradies für Retro-Fans *(Friedrichstr. 12, www.wohnkunstgalerie.de)*. In der Bar *Zum Freischütz* stößt man auf das Leben an und genießt das Kulturprogramm *(Ziegenmarkt 11, www.zum-freischuetz.de)*.

>> KUNSTEVENTS

Plattform für lokale Talente

Von wegen abstrakt – an der Mecklenburgischen Seeplatte dürfen Interessierte Kunst anfassen und bei den zahlreichen Events hautnah erleben. Bei der Aktion *Kunst:Offen* laden jedes Jahr an Pfingsten Künstler und Designer aus ganz Mecklenburg-Vorpommern in ihre Ateliers ein *(Locations unter www.kunst-offen.com)*. *Die Scheune* ist der Kunsthotspot in Bollewick. Das größte Event dort ist der Ostermarkt, auf dem lokale Künstler ihre Werke präsentieren. Während des Jahres beherbergt das Gebäude traditionelle Werkstätten wie eine Schmiede oder Töpferei, die man besuchen kann *(Dudel 1, www.die-scheune.m-vp.de,* Foto*)*. Kult ist der *Kultursommer* in Schwerin, bei dem sich von Mai bis September lokale und internationale Künstler die Ehre geben *(www.schwerin.com)*.

>> NATUR ERKUNDEN

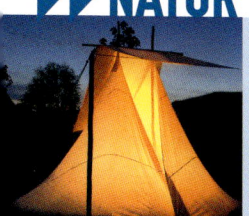

Durch Schlamm und dichte Wälder

Wer zum Abendessen gegrillte Würmer kosten möchte, bucht einen Abenteuertrip durch die Region. Abseits der Zivilisation erkundet man mit dem Boot unberührte Flussgegenden, trekkt zu Fuß durch dichte Wälder oder überwindet Schlammpisten. Geschlafen wird unter freiem Himmel oder im Zelt. *Mecklenburg Adventure Tours* *(www.matours.de)* stellt Touren nach den Wünschen ihrer Kunden zusammen. Auch mit den Guides der *Teamfabrik* geht's ab in die Wildnis *(www.teamfabrik.de,* Foto*)*.

> ## ADLER UND WISENTE, KATEN UND HERRENHÄUSER

Mit etwas Glück lässt sich von Schatten spendenden Alleen aus Deutschlands Wappentier beobachten

ALLEEN

Die herrlichen alten Alleen sind zum Teil noch mit Feldsteinen gepflastert. Die Bäume wurden oft vor rund 200 Jahren gepflanzt, um im Winter bei hohem Schnee den Weg zu den Nachbarorten zu weisen. Im Sommer überdachen sie mit ihren belaubten Kronen die Straßen. Eine besonders schöne Allee gibt es in Moltzow (nordwestlich von Waren).

Bild: junger Seeadler auf Fischzug

ERNST BARLACH

Im Alter von vierzig Jahren siedelte der Bildhauer, Grafiker und Dichter (1870–1938) in das mecklenburgische Güstrow über. Er arbeitete in bescheidenen Wohnungen und Ateliers, bis er 1931 das neue Bildhaueratelier am Inselsee bezog. Die Nationalsozialisten zwangen Barlach zum Schweigen und ächteten ihn. 381 seiner Werke wurden als „entartet"

STICH WORTE

aus Kirchen und Museen entfernt, so auch „Der Schwebende" aus dem Güstrower Dom. Vom Gipsmodell wurde ein Zweitguss für die Antoniterkirche in Köln angefertigt, ein Nachguss kam 1953 als Geschenk der Kölner Gemeinde nach Güstrow. Der Dramatiker und Lyriker Bertolt Brecht würdigte den Künstler mit folgenden Worten: „Ich halte Barlach für einen der größten Bildhauer, die wir Deutschen gehabt haben."

DRAISINEN

Drei Draisinenstrecken sind auf stillgelegten Eisenbahngleisen entstanden: Man strampelt von Damerow nach Borkow, entlang des Kummerower Sees von Dargun bis Salem sowie vom mecklenburgischen Fürstenberg ins brandenburgische Templin. Die muskelbetriebenen Schienenfahrzeuge dienten den Eisenbahnern einst zur Streckenkontrolle. Der Name geht auf den 1785 geborenen Karl Freiherr Drais von Sauerbronn zurück, der das zweirädrige Laufrad erfunden hat. Auf dem bewegte man sich sitzend und mit den Füßen vom Boden abstoßend vorwärts.

FAUNA

Die Mecklenburgische Seenplatte ist wildreich: Reh, Wildschwein, Rot-, Dam- und Muffelwild leben hier. In Ivenack gibt es ein Damwildgehege, in dem über sechzig Tiere unter Bedingungen gehalten werden, die der freien Wildbahn weitgehend entsprechen. Auf der Halbinsel Damerower Werder können Sie sich ein Wisentgehege anschauen.

Der Müritz-Nationalpark bietet seltenen Greifvögeln Lebensraum, darunter dem Fischadler. Jährlich brüten rund 20 Paare im Park, die mehr als zwei Dutzend Junge großziehen. Charakteristischer Vogel der Seen ist der Höckerschwan; der Weißstorch kann sogar auf den Dächern der Kleinstädte beobachtet werden. Im Herzen der Seenplatte leben die vom Aussterben bedrohten Fischotter. Schilder fordern mit dem Hinweis „Otterwechsel 20–7 Uhr" zur Rücksichtnahme auf.

In den Seen tummeln sich u.a. Zander, Barsch, Aal und Hecht, Blei und Plötze. Auch die Artenvielfalt der Insekten beeindruckt: So wurden 400 Spinnenarten und doppelt so viele Schmetterlingsarten registriert.

FLORA

Von Menschenhand angelegte Kiefernforste beherrschen die Land-schaft. Die angestammten Buchenwälder sind kaum noch anzutreffen. Typisch für die Seenlandschaft sind schöne Baumgruppen oder Einzelbäume. So stehen nördlich von Groß Gievitz (am Waldweg nach Hungerstorf) vier mächtige Eichen mit einem Stammumfang von je 8 m. Berühmt sind die Eichen von Ivenack, die als die ältesten Europas gelten. Die gewaltigste von ihnen hat ein vermutetes Alter von 1200 Jahren und einen Kronendurchmesser von 29 m.

HERRENHÄUSER

Ihrer Pracht wegen werden die Herrenhäuser meist als Schloss bezeichnet. Die Besitzer wurden 1945 im Rahmen der Bodenreform, die unter der Führung der Sowjets stattfand, durchweg enteignet. Zu DDR-Zeiten dienten die Gebäude als Schulen, Seniorenheime, Ferienhäuser oder Internate. Viele bekamen nach der Einheit neue Besitzer, wurden wunderschön restauriert und oft zu Hotels umgebaut, wie in Klink, Groß Plasten und Teschow.

KATEN

Katen heißen die kleinen, schlichten Wohnhäuser der Landarbeiter. Viele von ihnen haben keinen Schornstein; der aus dem offenen Herd aufsteigende Rauch entwich durch Fenster und Türen. *Rookhus* (Rauchhaus) werden diese Katen deshalb genannt. Der Fußboden bestand aus gestampftem Lehm oder war mit Ziegelsteinen ausgelegt. Meistens befand sich in den Katen auch ein Stall für eine Kuh, mehrere Ziegen oder Schweine, denn die Landarbeiter waren auf die Tierhaltung angewiesen. Futter lagerte auf dem Dachboden. Im Agrarmuseum Alt-Schwerin können Sie so eine Kate besichtigen.

LEHM- UND BACK-STEINSTRASSE

Die Backsteinarchitektur prägt im Norden Deutschlands die Dorf- und Stadtbilder. Der Lehm ist der wohl älteste und gleichzeitig modernste Baustoff der Menschheit; hier zu Lande sind viele Häuser aus dem Lehm der einst gemeindeeigenen Gruben erbaut worden. Im Ortsdreieck zwischen Lübz, Plau und Ganzlin wurde deshalb die Lehm- und Backsteinstraße eingerichtet. Sie führt zu verborgenen Sehenswürdigkeiten dieser Region, beispielsweise dem Lehmmuseum in Gnevsdorf, in

dem der lange vergessene Bodenschatz anschaulich präsentiert wird, und zur Ziegelei Benzin, einem Industriedenkmal bei Lübz.

PLATTDEUTSCH

Bis zum 14. Jh. war Plattdeutsch, auch Niederdeutsch genannt, die Verkehrssprache in Norddeutschland. Im Laufe des 16. Jhs. setzte sich Hochdeutsch durch, das in den großen Städten vom Bürgertum und auf dem Lande vom Adel übernommen wurde. Plattdeutsch blieb die Sprache der einfachen Menschen. Es gibt verschiedene Dialekte, die sich in Mecklenburg und Vorpommern aber kaum unterscheiden. Einheimische hören jedoch heraus, ob es sich um einen Mecklenburger von der Müritz oder einen Vorpommern von der Insel Rügen handelt. Die jüngere Generation hat heutzutage vielfach Schwie-

> DAS KLIMA IM BLICK

Handeln statt reden

Reisen bereichert und verbindet Menschen und Kulturen. Jedoch: Wer reist, erzeugt auch CO_2. Dabei trägt der Flugverkehr mit bis zu 10% zur globalen Erwärmung bei. Wer das Klima schützen will, sollte sich somit nach Möglichkeit für die schonendere Reiseform (wie z. B. die Bahn) entscheiden. Wenn keine Alternative zum Fliegen besteht, so kann man mit *atmosfair* handeln und klimafördernde Projekte unterstützen.

atmosfair ist eine gemeinnützige Klimaschutzorganisation.

Die Idee: Flugpassagiere spenden einen kilometerabhängigen Beitrag für die von

ihnen verursachten Emissionen und finanzieren damit Projekte in Entwicklungsländern, die dort helfen, den Ausstoß von Klimagasen zu verringern. Dazu berechnet man mit dem Emissionsrechner auf *www.atmosfair.de* wie viel CO_2 der Flug produziert und was es kostet, eine vergleichbare Menge Klimagase einzusparen (z. B. Berlin–London–Berlin: ca. 13 Euro). *atmosfair* garantiert, unter der Schirmherrschaft von Klaus Töpfer, die sorgfältige Verwendung Ihres Beitrags. Auch der MairDumont Verlag fliegt mit *atmosfair*.

Unterstützen auch Sie den Klimaschutz: *www.atmosfair.de*

rigkeiten, Plattdeutsch zu sprechen, verstehen kann es aber fast jeder. Binnenländern gelingt es nur selten, einem auf Plattdeutsch geführten Gespräch zu folgen.

FRITZ REUTER

Nach dem Tod des Mecklenburger Nationaldichters (1810–74) gab der Verleger Carl Dethloff Hinstorff eine Volksausgabe der Reuter-Werke heraus: Die Gesamtauflage betrug über 1 Mio. Exemplare – kein anderer Autor des 19. Jhs. konnte eine nur annähernd so hohe Auflage erzielen. In Neubrandenburg und Stavenhagen stehen künstlerisch gestaltete Reuter-Denkmale – das entfernteste befindet sich in Chicago in den USA; deutsche Auswanderer hatten es 1893 errichten lassen. Begraben liegt Reuter im thüringischen Eisenach. Dorthin war er 1863 übergesiedelt. Die Werke des in Stavenhagen geborenen Dichters wurden in fast alle europäischen Sprachen und sogar ins Japanische übersetzt.

SEEADLER

Mit einer Flügelspannweite von über 2 m ist der Seeadler der größte Greifvogel, der in Deutschland vorkommt. Im Gebiet der Seenplatte haben mehrere Paare und unverpaarte Jungvögel ihre Heimat. Der Seeadler, das deutsche Wappentier, ernährt sich zum Großteil von Fischen; die Jagd erfolgt meist aus dem Flug heraus. Der auf hohen, alten Bäumen errichtete Horst ist so groß, dass ein Mensch darin liegen könnte. Im März legen Seeadler, die während der Brutzeit ihr

▶ BÜCHER & FILME

Eine kleine Auswahl zum Einstimmen oder Vertiefen

▶ **Bernsteinwege** – Rebecca Lutter hat ihre Kindheits- und Jugenderinnerungen als Vertriebene in Ivenack aufgeschrieben.

▶ **Preußens Luise** – Günter de Bruyn zeichnet eine historische Legende nach: Die aus dem Herzoghaus Mecklenburg-Strelitz stammende Königin Preußens, Gemahlin von König Friedrich Wilhelm III., wird bis heute hoch verehrt.

▶ **Mecklenburgische Seenplatte** – Zwei Reisefilme von ZielMedia vermitteln Impressionen aus dem Land der 1000 Seen. Verschiedene Reisestationen können per Menü direkt besucht werden.

▶ **Meine Vaterstadt Stavenhagen** – In dem autobiografischen Roman von 1861 beschreibt Fritz Reuter seine Kindheit.

▶ **Hunger auf Leben** – Die Tagebücher Brigitte Reimanns verfilmte Markus Imboden mit Martina Gedeck in der Hauptrolle – eine Hommage an die DDR-kritische Schriftstellerin, die die letzten Jahre ihres kurzen Lebens in Neubrandenburg verbrachte.

▶ **Schlösser, die am Wege liegen** – Wer sich für die Guts- und Herrenhäuser der Region interessiert, greift zu diesem Buch von Helmuth Borth oder auch zu „Belvedere und andere schöne Aussichten".

Revier gegen Artgenossen verteidigen, zwei bis drei weiße Eier in den mit getrocknetem Gras gepolsterten Horst. Nach etwa vierzig Tagen schlüpfen die Küken, nach zehn bis zwölf Wochen sind sie flügge. Der König der Lüfte bleibt das ganze Jahr über in seinem Revier, das eine Größe von 10–50 km² hat. Seeadler sind äußerst menschenscheu und misstrauisch; im Müritz-Nationalpark brüten jedes Jahr zwischen 11 und 16 Paare, deren Horste streng bewacht werden.

SEENSTATISTIK

Mit 110,3 km² ist die Müritz das größte Gewässer der Mecklenburger Seenplatte, gefolgt vom Schweriner See mit 60,6 km² und dem Plauer See mit 38,0 km². Den vierten Platz nimmt der Kummerower See mit 32,6 km² vor dem Kölpinsee mit 19,9 km² ein. Die größte Tiefe hat mit 58,5 m der Breite Luzin bei Feldberg, gefolgt vom Schweriner See mit 52,4 m und der Müritz sowie dem Tollensesee mit jeweils 31 m.

WIEKHAUS

Wiekhäuser sind kleine Kampfhäuser, die in die Stadtmauer eingefügt waren und diese überragten. Entwickelt wurden sie aus halbrunden Nischen für Armbrustschützen. Die Wiekhäuser wurden meist im Abstand von etwa 30 m gebaut und besaßen Schießscharten zum Wall und seitlich zur Mauer. Neubrandenburg besaß im 16. Jh. 53 Wiekhäuser. Nach dem Dreißigjährigen Krieg hatten sie ihren Verteidigungswert verloren und wur-

Neubrandenburg: die Stadtmauer mit einem Wiekhaus und dem Fangelturm

den zu Wohnungen ausgebaut oder verkamen. Bis zum Ende des Zweiten Weltkrieges waren in Neubrandenburg noch 25 dieser Häuser bewohnt. *Wiek* ist im Norddeutschen die Bezeichnung für eine kleine Meeresbucht. Vermutlich leitet sich der Name für die aus der Mauer ragenden Häuser davon ab.

HÖHEPUNKTE SIND DIE FESTSPIELE

Jazz und Klassik, Motorsport und rasende Badewannen – so macht der Sommer an den Seen Spaß!

> ❯ In den Ferienorten werden den Gästen in der warmen Jahreszeit zahlreiche Veranstaltungen geboten. Dorf-, Stadt- und Sommerfeste sorgen für Abwechslung und Kurzweil. Einige der Feste haben überregionale Bedeutung erlangt.

◼ FEIERTAGE ◼

Neujahr, Karfreitag, Ostermontag, **1. Mai** *(Tag der Arbeit)* Himmelfahrt Pfingstmontag **3. Okt.** *(Tag der Deutschen Einheit)*, **31. Okt.** *(Reformationstag)*, 1. und 2. Weihnachtsfeiertag

◼ VERANSTALTUNGEN ◼

März

Neubrandenburger Jazzfrühling: Jedes Jahr im Frühling begeistern über 100 Musiker aus vielen Ländern mit Dixieland und Swing, Blues und Freejazz ihr Publikum. *Eine Woche in der zweiten Monatshälfte, www.jazzfruehling-nb.de*

April

Insider Tipp *Mecklenburger Motorradtreffen*: Hunderte von Bikern versammeln sich seit 1994 Ende des Monats mit Tausenden von Gästen zur „größten Party Mecklenburgs". Vier Tage geht es in Malchin bis zum frühen Morgen heiß her, im Festzelt und auf mehreren Bühnen. *www.motorradtreffen-malchin.de*

Pfingsten

Internationales Bergringrennen Teterow: Mit 1877 m Länge, mit Steigungen bis zu 22 Prozent, mit Sprungschanzen und schwierigen Kurven gilt die Strecke als Europas schönste Grasrennbahn. Seit über 80 Jahren steht das Rennen in jedem Motorsportkalender. *www.bergring-teterow.de*

Mai

Müritz-Sail: Die kleine Schwester der bekannten Hanse-Sail in Rostock zieht mit Segelregatten, Drachenbootrennen, Wasserskivorführungen, Paragliding, Mitsegelmöglichkeiten und anderen Attraktionen die Besucher an. Höhepunkt ist die Flottenparade. *4. Wochenende, www.mueritzsail.net*

Aktuelle Events weltweit auf www.marcopolo.de/events

> EVENTS
FESTE & MEHR

Juni–September

Festspiele Mecklenburg-Vorpommern: Von großer Sinfonik bis zu Dixieland reicht das Programmspektrum. Orchester, Chöre und Sänger von Weltrang erfüllen Schlösser, Gutshäuser, Scheunen und Parks mit Musik der Extraklasse. Ein Forum für nationale und internationale Nachwuchskünstler stellt die Kammermusikreihe „Junge Elite" dar. *Festspielbüro | Lindenstr. 1 | Schwerin | Tel. 0385/59 18 50 | www.festspiele-mv.de*

Juni–August

Schlossgartenfestspiele Neustrelitz: Neustrelitz präsentiert sich seit ein paar Jahren als Stadt der Operette. Ob „Frau Luna", „Die lustige Witwe" oder „Die Fledermaus": Die Open-Air-Inszenierungen und Gastspiele im romantischen Schlossgarten sind ein Genuss. *Tel. 03981/239 30 | www.schlossgartenfestspiele.de*
Schlossfestspiele Schwerin: Im Alten Garten, vor der historischen Kulisse von Schloss, Theater und Kunstmuseum verzaubern die Opern-Freiluftaufführungen. Jedes Jahr wird eine andere Oper inszeniert. *www.theater-schwerin.de*

Ende Juni–Anfang September

Müritz-Saga: Der eigens für die Freiluftspiele Waren geschaffene Zyklus über die Geschichte Mecklenburgs wird immer donnerstags bis sonntags auf der Freilichtbühne im Bürgerpark Mühlenberg gespielt. *Tel. 01805/28 82 44 | www.freiluftspiele.de*

Juli

⭐ *Badewannenrallye*: Die feuchtfröhliche Gaudi zieht seit Jahren Tausende von Gästen nach Plau am See. Teilnahmeberechtigt sind eigene Konstruktionen, die oftmals von abenteuerlicher Art sind. Zwischendurch erheitern spannende Wasserschlachten die Zuschauer. *Ein Wochenende Mitte des Monats | www.badewannenrallye.de*

> SÜSS-SAURE GERICHTE SIND TYPISCH

Backpflaumen und Fisch sind feste Bestandteile der regionalen Küche

> Für Gourmets war die mecklenburgische Küche lange Zeit nicht verlockend, sie galt als einfach und deftig. Dieser Ruf aus der Vergangenheit haftet ihr auch heute vielfach noch an.

Doch die Zeiten haben sich geändert: Vorbei ist die aus der Not geborene Eintönigkeit der DDR-Küche, fleißig haben die Gastronomen in der letzten Zeit in Großmutters Kochbüchern gekramt und viele längst vergessene Rezepte hervorgeholt und kochen sie

nach. Immer mehr Restaurantführer verleihen Gastronomen Kochlöffel oder Sterne für kreative Speisen.

In der Vergangenheit konnten sich die Landarbeiter und Fischer nur wenig leisten. „Nicht das Leckere und Zarte, sondern das Schwere und Massenhafte bestimmt den Speisezettel", so schrieb ein Kulturhistoriker um 1860. Grünkohlsuppe beispielsweise galt als richtig zubereitet, wenn ein Ei darin nicht umfallen konnte.

Bild: Röbel an der Müritz

ESSEN & TRINKEN

Man wollte gesättigt vom Tisch aufstehen. Gegessen wurde, was die eigene Wirtschaft erzeugte: Kartoffeln, Kohl und Rüben, Rind- und Schweinefleisch, Geflügel und natürlich Fisch.

Der Geschmack der regionalen Hausmannskost dürfte jedoch oftmals ungewohnt sein. Süß-sauer abgeschmeckte Speisen sind typisch, Zucker gehört zu vielen Hauptgerichten ebenso wie Backpflaumen und Rosinen. Manch Mecklenburger mag absolut nicht verstehen, warum sein Gast angesichts von Rindfleisch mit Pflaumen nicht wie einst Fritz Reuter vor Freude in die Hände klatscht. Auch an Linsensuppe mit Backpflaumen und an warme Blutwurst mit Rosinen wird sich nicht jeder Auswärtige ohne Weiteres gewöhnen.

„Frischer Fisch vom Fischer!" Mit diesem Slogan laden viele Gaststätten an der Seenplatte zu Tisch. Die meisten Gäste möchten angesichts der zahlreichen Gewässer Fisch essen, den viele Köche vorzüglich zubereiten. Zu den Spitzenreitern der lokalen Gastronomie gehören *Ich weiß ein Haus am See* in Krakow sowie das *Schlosshotel Burg Schlitz.*

Die köstlichsten Fischsuppen gibt es übrigens nicht an der Ostseeküste, sondern im Seenplattengebiet. Der Grund: Der Süßwasserfisch Hecht eignet sich dafür besonders gut. Zubereitet wird die Suppe meist mit Gemüse und saurer Sahne. Tradition haben die Eintöpfe, die es in vielen

> SPEZIALITÄTEN

Genießen Sie die typisch mecklenburgische Küche!

Gedünsteter Müritzzander – in Portionen geschnittener Zander, der in einem Sud aus Gewürzen, Wein und Zitronensaft gegart ist. Beilage: Kartoffeln und frisches Gemüse, z.B. Spinat

Gefüllte Entenbrust – in Scheiben geschnitten, wird die fruchtig gefüllte Brust mit Sahne angerichtet und mit Apfelrotkohl und Kartoffelklößen serviert

Gefüllter Schweinerücken – Der Rücken wird mit einer gewürzten Hackfleischmasse gefüllt, unter die klein geschnittene Backpflaumen gemischt sind. In Scheiben geschnitten, wird er mit Kartoffeln, grünen Bohnen oder Apfelrotkohl serviert

Hecht in Petersiliensoße – in Stücke geschnittener, gekochter Hecht in Dillsoße. Beilage: Kartoffeln und Kopfsalat

Klopfschinken – rohe, dünn geklopfte, in mit Muskat gewürzte Milch eingelegte und danach goldbraun gebackene Schinkenscheiben. Dazu: in Butter gebratene Waldpilze, gedünstetes Gemüse oder grüner Salat, Kartoffeln

Mecklenburger Lammkeule – mit in Rotwein eingeweichten Backpflaumen gefüllte Lammkeule. Zu der gebratenen Keule gibt es Stampfkartoffeln sowie Kraut- oder Selleriesalat

Mecklenburger Rippenbraten – leicht gepökelte, gefüllte Schmorrippe vom Schwein. Die Füllung besteht u.a. aus Äpfeln und Backpflaumen. Dazu gibt es Soße, Kartoffelklöße und Salat

Mecklenburger Sauerfleisch – klein geschnittenes, gekochtes Fleisch aus Kalbs- und Schweinefüßen, das mit Gelatine, Essig und Zucker verfestigt ist. Beilage: Bratkartoffeln und Krautsalat

Rote Grütze – zu Grütze gebundene Beeren, abgeschmeckt mit Zimt; serviert mit Vanillesoße (Foto)

Schweinekamm mit Pflaumen – geschmorter Schweinenacken in Soße. Mit Zucker gedünstete und mit Pfefferkuchen abgeschmeckte Backpflaumen werden heiß darübergegeben. Dazu: Stampfkartoffeln oder Klöße, Gurken- und Tomatensalat

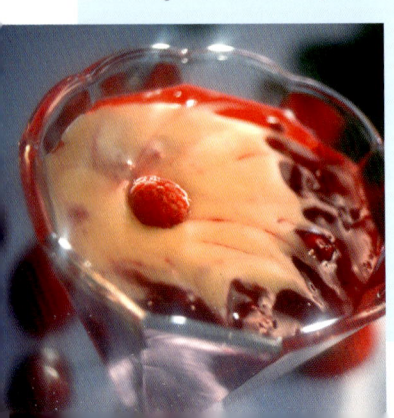

Varianten gibt, was die meisten Gastwirte aber hartnäckig ignorieren. Den herzhaften mecklenburgischen Kohlrübeneintopf aus *Steckrüben* (auch als *Wrucken* bezeichnet), kann man wohl nur bei Bekannten oder Vermietern probieren.

Manche Restaurants schreiben die Angebote der regionalen Küche in Platt – der Originalität wegen. Deshalb muss aber keiner Plattdeutsch lernen, die Übersetzung ins Hochdeutsche wird stets mitgeliefert: *Kak't Boors* ist gekochter Barsch, *Braden Maischull* gebratene (Mai–) Scholle, *Brattüfften mit mangrögt Eiern* ein Bauernfrühstück, und *Klüten* sind Teigklößchen aus Eiern und Mehl. *Braden von't wilde Swin ist* nichts anderes als Wildschweinbraten. Die Wälder der Region sind wildreich, deshalb wird oft Wild angeboten. Abwechslung in die Dorfspeisekarten bringt das Schlachtfest. Wenn möglich, sollten Sie das Angebot probieren: *Grüttwurst* (Grützwurst) z.B. oder *Swartsur von't Swin* (Schwarzsauer vom Schwein).

An kühlen Sommertagen sind die Gaststätten mittags gut besucht. Die Urlauber sonnen sich dann nicht, sondern wandern, und das macht hungrig. Mittags sind rasch zubereitete Gerichte gefragt, deshalb steht meist Kartoffelsalat auf der Karte. Ist er mit Hering, gekochten Eiern und sauren Gurken hergestellt, dann kommt er aus der eigenen Küche. Abends sollte man den Spuren der Einheimischen folgen. Sie wissen nicht nur, wo das beste Bier gezapft wird, sondern auch, wo das Essen am günstigsten ist und dennoch schmeckt. Wer sich etwas Besonderes gönnen möchte, wählt mit Äpfeln, Backpflaumen und Rosinen gefüllte Ente. Soll das Essen auch regionaltypisch enden, dann kommt als Nachspeise nur die *Rode Grütt* (Rote Grütze) infrage.

Zwischendurch schmeckt ein Fischbrötchen gut. Neuerdings haben manche Bäcker ein altes mecklenburgisches Rezept ausgegraben: Mecklenburger Speckkuchen (mit geräuchertem, gewürfeltem Speck, Kümmel und Salz bestreut), der warm aus dem Ofen am besten mundet und sich auch sehr gut als Imbiss eignet.

Aus dem See direkt in den Rauch

Wer nach dem Winterspaziergang durchgefroren ist, bekommt zum Aufwärmen einen *Köm* (klaren Kümmelschnaps) oder einen Grog: Auf zwei Stück Zucker wird so viel Rum oder Weinbrand gegossen, bis das Glas zur Hälfte voll ist. Dann wird mit siedend heißem Wasser aufgefüllt. Oft gibt es den Grog auch mit Tee gemischt. Ansonsten trinkt man gern Bier, die Mecklenburger mögen das heimische sehr; an erster Stelle rangiert das Lübzer.

AAL UND KERAMIK
Die Seenplatte ist mehr Natur- als Shoppingparadies –
aber Souvenirs finden sich trotzdem

> Wer sich in den Tourist-Informationen nach Souvenirs erkundigt, erntet oft nur ein Schulterzucken. Die agrarisch geprägte Seenplatte hat keine erwähnenswerte Volkskunst und somit auch keine typischen Souvenirs hervorgebracht. Ohne Mitbringsel muss dennoch keiner nach Hause fahren. Und wer auf Shopping nicht verzichten möchte, der fährt nach Schwerin. In der City gibt es viele Geschäfte und das große Einkaufszentrum Schlosspark-Center; in Neubrandenburg finden Sie das Marktplatz-Center.

▪ FISCH
Der Fischreichtum der Gewässer Mecklenburgs ist berühmt. Ein gern gekauftes Mitbringsel ist deshalb frisch geräucherter Fisch direkt vom Fischer – manchmal noch handwarm. Oft befinden sich die Fischer abseits der Straßen, deshalb sollten Sie auf die Hinweisschilder achten.

▪ GALERIEN
In Galerien, so in Teterow, Güstrow und Neubrandenburg, werden Arbeiten einheimischer Künstler in großer Auswahl angeboten. Beliebt sind Aquarelle mit Landschaftsmotiven. In großer Auswahl gibt es Bildbände und geschichtliche Darstellungen über Städte und Regionen und selbstverständlich auch die Werke von Mecklenburgs Nationaldichter Fritz Reuter.

▪ KERAMIK
Zahlreiche Keramiker haben sich in den letzten Jahrzehnten in dieser Region angesiedelt, weil leer stehende Bauerngehöfte ideale Werkstatträume boten. Einer von ihnen ist Friedemann Henschel in Panschenhagen. In romantischer Umgebung können Sie zuschauen, wie er den Ton zu Gebrauchsgegenständen und Zierrat formt. Das Zuschauen kostet nichts, nur den Kaffee und den (leider nicht immer vorhandenen) selbst gebackenen Kuchen müssen Sie bezahlen. Auch anderswo sind oft Schilder zu finden, die den Weg zu Künstlerwerkstätten weisen. In den meisten darf man unangemeldet beim Arbeiten zuschauen.

> EINKAUFEN

■ „KUCHEN" ■

In der Sternberger Gegend kann man, wenn man sich gut auskennt, „Kuchen" finden, der 30 Mio. Jahre alt ist. Sternberger Kuchen wird volkstümlich ein hell- bis rotbraunes Ablagerungsgestein genannt, in welches Krebse, Korallen, Schnecken, ja sogar Haifischzähne eingebacken sind. Wer kein Finderglück hat, kann den „Kuchen" im Sternberger Heimatmuseum kaufen. Zwischen 2 und 3 Euro kostet das Stück.

■ REGIONALE SPEZIALITÄTEN

Beliebt bei den Touristen sind regionale Naturprodukte. Besonders groß ist die Auswahl in Norddeutschlands größter Feldsteinscheune in Bollewick bei Röbel. Hier wird im Bauernladen all das angeboten, was der Boden und die Gewässer Mecklenburgs hergeben und was hier verarbeitet wird, beispielsweise Hanföl, Gurkenmus und Löwenzahntee. Wer eine noch größere Auswahl sucht, findet sie auf den Bollewicker Bauernmärken.

Ländliche Produkte aus der Umgebung, Hausgeschlachtetes und Marmeladen sind auch von April bis Oktober im Alten Schafstall in Basedow zu haben.

■ SANDDORN ■

Sanddornprodukte sind in Mecklenburg-Vorpommern vielerorts in großer Auswahl zu haben. Der anspruchslose Strauch mit den kleinen orangefarbenen Früchten, die im Herbst geerntet werden, wächst vor allen an der Küste. „Zitrone des Nordens" wird der Sanddorn oft genannt, da er zehnmal mehr Vitamin C als die Zitrone enthält. Angeboten werden Sanddornsaft, -likör, -marmelade und neuerdings sogar -hautcreme.

■ SELBSTGEMACHTES ■

Die wertvollsten Souvenirs sind wohl jene, die man selbst angefertigt hat. Im Slawendorf am Zierker See in Neustrelitz laden Handwerkerstände zur Selbstbetätigung ein. Hier wird geschnitzt, gewebt, gefilzt, getöpfert, werden Kerzen hergestellt, wird Speckstein bearbeitet usw.

> EIN SCHLOSS WIE AUS DEM MÄRCHENBUCH

Kunst und Kulturschätze in der Landeshauptstadt, Ruhe und Beschaulichkeit im Umland

> Sieben größere Seen umgeben Schwerin, die wasser- und waldreiche Landschaft scheint in die Stadt hineingewachsen zu sein. Die Schweriner brauchen lediglich vor die Haustür zu treten, und schon haben sie Wasser vor sich.

Nur wer Ruhe und Beschaulichkeit wünscht, muss ein wenig in die grüne Umgebung wandern. Zum Ost- oder Westufer des Schweriner Sees beispielsweise, des drittgrößten Sees Deutschlands, den der 1844 aufge-schüttete Paulsdamm teilt. Seitdem gibt es den Außensee und den Innensee mit der Schlossinsel. Schwerins Schloss mit den unterschiedlichen Baustilen und Dutzenden von Türmchen und Erkern könnte einem Märchenbuch entstammen. Zum Schloss gehören als Kleinode gartenbaulicher Kunst der Burg- und der Schlossgarten. Einen ebenso schönen hat Peter Joseph Lenné in Ludwigslust entworfen, das die Herzöge über 60 Jahre als

Bild: Schweriner Schloss

SCHWERIN & UMLAND

Residenz wählten. Nach sechsjähriger Bauzeit wurde 2001 die 15 Mio. Euro teure Sanierung der Orangerie und der Terrassen abgeschlossen.

SCHWERIN

KARTE IN DER HINTEREN UMSCHLAGKLAPPE

[106 C5] Der Aufstieg über die schmale Wendeltreppe auf den Domturm ist strapaziös, aber die Mühe lohnt: Vom

Rundgang bietet sich ein fabelhafter Blick auf das, was es in der kleinsten Landeshauptstadt Deutschlands (99000 Ew.) zu erkunden gibt. Und das ist mehr als das berühmte Schloss. In Schwerin lässt sich alles gut erlaufen, große Teile der Innenstadt sind ohnehin für Autos gesperrt. Einer der Spaziergänge könnte vom *Schloss* ins Herz der Altstadt mit dem Marktplatz und zur *Schelfkirche (St. Nikolai)* führen, der wohl schönsten barocken Stadtkirche Mecklenburgs, und zum *Pfaffenteich*, Schwerins „Binnenalster". Die *Paulskirche* am anderen Ufer gilt als bedeutendster neugotischer Kirchenbau Mecklenburgs. Ganz in der Nähe vor dem Hauptbahnhof plätschert ein *Brunnen* mit dem schönen Namen „Rettung aus Seenot". Als er 1911 enthüllt wurde, so erzählt man, sei die Spenderin angesichts der nackten Brunnenfiguren in Ohnmacht gefallen.

■ SEHENSWERTES ■

Um den Schweriner Innensee führt von Mai bis Oktober die **Buslinie 100**, die ab Hauptbahnhof zwischen 9.30 und 16.15 Uhr fünfmal verkehrt. Unterwegs kann man an 27 Haltestellen die Fahrt beliebig oft unterbrechen, die Mitnahme von Fahrrädern ist möglich. Die Rundfahrkarte gilt als Tageskarte für diese Linie, die Schwerins bedeutendste Sehenswürdigkeiten miteinander verbindet.

Den Alltag der Fischer nacherleben im Freilichtmuseum Mueß

Das Stadtbild bereichert nach wie vor die Bundesgartenschau 2009 mit ihren „Sieben Gärten mittendrin" rund um das Schweriner Schloss. Sie liegen alle zentral, haben insgesamt eine Fläche von 55 ha und sind alle dem Wasser zugewandt. Wieder hergestellte Sichtachsen im Schlossgarten bilden reizvolle Ausblicke. *Informationen unter www.buga-2009.de*

ALTER GARTEN

Die „gute Stube" Schwerins wird der Platz genannt, an dem repräsentative Gebäude bewundert (und teilweise auch besucht) werden können. Was einem griechischen Tempel ähnelt, ist das einstige Großherzogliche Museum. Heute beherbergt das Haus mit der großen Freitreppe das *Staatliche Museum*. Im Neurenaissancestil wurde das heutige *Mecklenburgische*

Staatstheater erbaut. Mehrere Herzoginnen verbrachten ihre Witwenjahre in dem schlichten zweigeschossigen Fachwerkbau an der Ecke zur Schlossstraße, der den Namen *Altes Palais* oder Alexandrinenpalais trägt. Das klassizistische Regierungs- und Kollegiengebäude gegenüber, die heutige *Staatskanzlei*, stammt von Georg Adolph Demmler. Den überdachten Gang zum Nachbarhaus hat der Volksmund ironisch „Beamtenlaufbahn" getauft. In den Sommermonaten verwandelt sich der Alte Garten in eine große Freilichtbühne: Die grandiosen Opern-Aufführungen von George Bizets „Carmen" (2008) und Mozarts „Zauberflöte" (2009) ernteten Beifallsstürme.

DOM ★

Das beherrschende Bauwerk der Altstadt und ein Meisterstück der Backsteingotik. Mit seiner Länge von 100 m übertrifft der Dom die großen hanseatischen Kirchen an der Ostseeküste. Der Turm mit seinem Aussichtsrundgang in 50 m Höhe (1 Euro) ist mit 117,5 m der höchste Kirchturm in Mecklenburg-Vorpommern. Die Orgel mit ihren etwa 6000 Pfeifen in dem 1416 fertiggestellten Backsteinbau ist die größte Mecklenburgs.

FREILICHTMUSEUM MUEß

Der überwiegende Teil des nach Schwerin eingemeindeten Dorfs Mueß wurde Museum. Den Mittelpunkt bilden Dorfschmiede, Hirtenkaten und Kräutergarten sowie ein 300 Jahre altes niederdeutsches Hallenhaus. *April Sa, So 10–17,S, Okt. Di–So 10–17, Mai–Sept. Di–So 10–18 Uhr | Alte Crivitzer Landstr. 13*

MARKTPLATZ

Das *Altstädtische Rathaus* an der Ostseite des Platzes bekam 1835 von Demmler eine Schaufassade im Stil der Tudorgotik vorgesetzt. Auf den Zinnen reitet ein vergoldetes Abbild des Stadtgründers Heinrich der Löwe. Von der Rückseite des Rathauses am Schlachtermarkt (ein Durchgang befindet sich linker Hand) ertönt jeden Mittag kurz nach 12 Uhr das *Glockenspiel* mit der Melodie von Mecklenburgs meistgesungenem Volkslied „Von Herrn Pastor sien Kauh". Im Norden findet sich das *Neue Gebäude* von 1785, Markthalle bis ins 20. Jh.

Insider Tipp

SCHLEIFMÜHLE

Die einzige Schauanlage ihrer Art in Deutschland. In der Mühle von 1705 wurden Steine zersägt und geschliffen. Hier entstanden die steinerne

MARCO POLO HIGHLIGHTS

★ Dom
Mittelalterliche Gräber, Mecklenburgs größte Orgel, toller Turmblick (Seite 33)

★ Fernsehturm-Restaurant
Essen und Trinken mit Ausblick aus 101 m Höhe (Seite 35)

★ Schloss
Sich im prachtvollen Thronsaal wie einst der Großherzog fühlen (Seite 34)

★ Ludwigslust
Vorgetäuschter Glanz im Goldenen Saal des spätbarocken Schlosses (Seite 36)

SCHWERIN

Wandverkleidung für den Thronsaal des Schweriner Schlosses und der Granit-Sarkophag von Herzog Friedrich in der Schlosskirche Ludwigslust. *April–Anf. Nov. tgl. 10–17 Uhr | Schleifmühlenweg 1 | www.schleif muehle-schwerin.de*

SCHLOSS

Der Fünfflügelbau gehört zu den herausragenden Bauwerken des Historismus. Im Schloss tagt der Landtag, und es gibt das *Schlossmuseum.* Nach der umfangreichsten Umgestaltung zog die großherzogliche Familie am 26. Mai 1857 mit großem Pomp ein. Das *Bischofshaus* und das *Große Neue Haus*, beide am reichen Terrakottaschmuck erkennbar, stammen noch aus dem 16. und 17. Jh. Das große *Reiterstandbild* am Portalbau zeigt, wie man sich vor 150 Jahren den berühmten Obodritenfürsten Niklot vorstellte. Sehenswert ist auch

der *Burggarten* mit schönem, altem Baumbestand.

SCHLOSSGARTEN

Eine der schönsten Parkanlagen Norddeutschlands mit Kreuzkanal und Laubengängen. Das Reiterstandbild von Großherzog Friedrich Franz II. wurde 1893 enthüllt. Sie sollten auch den südöstlichsten Parkteil besuchen, den sogenannten *Grünhausgarten.* Dieser wurde vom Gartenbauarchitekten Peter Joseph Lenné im englischen Stil angelegt.

SCHLOSSMUSEUM

Die Schlössergalerie zeigt auf Gemälden sämtliche großherzoglichen Schlösser, in der Ahnengalerie hängen Bilder aller Herzöge von Albrecht II., der 1348 die mecklenburgische Herzogswürde erwarb, bis zu Herzog Friedrich, dem die Residenzstadt Ludwigslust zu danken ist.

Den ganzen Sommer blühen im Schweriner Schlossgarten die Seerosen

Die Sammlung Meißner Porzellane gehört zu den weltweit wichtigsten. *Mitte April–Mitte Okt. tgl. 10–18, Mitte Okt.–Mitte April Di–So 10–17 Uhr | www.schloss-schwerin.de*

STAATLICHES MUSEUM

Die berühmte „Torwache" von Carel Fabritius ist hier im Original zu bewundern. Ausgestellt sind auch Bilder von Peter Paul Rubens, Lovis Corinth, Frans Hals und Jan Bruegel. Auch besitzt das bedeutendste Kunstmuseum Mecklenburg-Vorpommerns 69 Werke des Franzosen Marcel Duchamp, der neben Pablo Picasso zu den wichtigen Wegbereitern der Moderne gehört. *Mitte April–Mitte Okt. Di–So 10–18, Mitte Okt.–Mitte April Di–So 10–17 Uhr | Alter Garten 3 | www.museum-schwerin.de*

ZOO

Auf der Vogelanlage tummeln sich Wasservögel aus aller Welt. Zu internationalem Ruhm gelangte der Zoo durch seine Zuchterfolge bei Braunbären. Auf einer Fläche von 1,5 km² leben etwa 700 Tiere. Erlebnisreich sind die Nachtführungen (Beginn 20 Uhr, Termine unter Tel. 0385/ 395510). *Feb., März tgl. 10–16, April–Mitte Okt. Mo–Fr 9–17, Sa, So 9–18, Mitte–Ende Okt. Mo–Fr 9–16, Sa, So 9–17, Nov.–Jan. tgl. 10–15 Uhr | Waldschulenweg 1 | www.zoo-schwerin.de*

■ ESSEN & TRINKEN

CLASSIC CAFÉ RÖNTGEN 🔊

Handwerklich gefertigte Konditoreiprodukte von Torten über Pralinen und Eis bis zu Konfitüren im denkmalgeschützten Gebäude. *Tgl. | Am Markt 1 | www.classic-conditorei.com*

FERNSEHTURM-RESTAURANT ★ 🔆

Sich im Restaurant verwöhnen lassen und dazu ein kostenloser Blick auf Schwerin. Einen Aussichtsrundgang gibt es in 97,5 m Höhe. *Tgl. | Hamburger Allee 72–74 | Tel. 0385/ 201 00 20 | www.schweriner-fernsehturm.de | €*

LUKAS

Schwerins einziges Fischrestaurant. Auf der Karte stehen oft auch Zander, Aal oder Wels aus dem Schweriner See. *Tgl. | Großer Moor 5 | Tel. 0385/ 56 59 35 | www.restaurant-lukas.de | €€–€€€*

WEINHAUS WÖHLER 🔊

Gutes Essen und guten Wein gibt es in angenehmer Atmosphäre im traditionsreichsten Weinhaus der Stadt. *Tgl. | Puschkinstr. 26 | Tel. 0385/ 55 58 30 | www.weinhaus-woehler.com | €€–€€€*

>LOW BUDGET

> 40 Euro (2 Pers. im Doppelzimmer und ein Kind bis 12 Jahre) und nur 6 Euro/Pers. fürs Frühstück – preiswerter als im *Etap-Hotel* in Schwerin lässt sich weit und breit nicht übernachten. *Eckdrift 8 | Tel. 0385/6465120 | www. etaphotel.com*

> Im Restaurant *Marco Polo* im Crowne Plaza Hotel in Schwerin kostet Mo–Fr mittags das Tagesgericht inkl. eines kleinen Salats nur 6 Euro. *Tgl. | Bleicher Ufer 23 | Tel. 0385/57550*

> Im *Café Honig* im Textilhaus Kressmann gibt es freitags Torte und Kuchen für 1,25 pro Stück. *Mecklenburger Str. 19–23*

SCHWERIN

■ ÜBERNACHTEN ■

HOTEL ARTE 🔊

Ein backsteinernes Bauernhaus und ein stilvoller Anbau in ruhiger, dörflicher Stadtrandlage wurden zu einem Refugium für Kunst- und Naturfreunde umgestaltet. Mit Sauna, Solarium und Dampfbad. *40 Zi. | Dorfstr. 6 | Tel. 0385/634 50 | Fax 634 51 00 | www.hotel-arte.de | €€*

CROWNE PLAZA 🔊

First-Class-Hotel mit 100 großzügig geschnittenen und vollklimatisierten Zimmern. *Bleicher Ufer 23 | Tel. 0385/575 50 | Fax 575 57 77 | www.crowne-plaza.m-vp.de | €€€*

PENSION AM THEATER

18 Nichtraucherzimmer und eine Ferienwohnung in ruhiger, zentraler Lage am Alten Garten. *Theaterstr. 1–2 | Tel. 0385/59 36 80 | Fax 593 68 11 | www.schwerinpension.de | €–€€*

HOTEL SPEICHER AM ZIEGELSEE 🔊

Hinter der denkmalgeschützten Fassade des ehemaligen Getreidespeichers erwartet Sie moderner Hotelkomfort. *79 Zi. | Speicherstr. 11 | Tel. 0385/500 30 | Fax 500 31 11 | www.speicher-hotel.com | €€€*

■ AM ABEND ■

In der *Spielbank Schwerin (Klöresgang 3 | www.spielbank-schwerin.de)* kann man das Glück ein wenig herausfordern. Im *Speicher* Konzerte, Lesungen, Kabarett, Theater *(Röntgenstr. 2 | Eingang Schelfstr. | www.schwerin.de/speicher)*. Im ▶▶ *New Mambuu (Klöresgang 2, im Wurm | www.mambuu.de)* Tanz auf zwei Floors, vor allem Black- und House-

musik. Beim ▶▶ *Achteck (Wittenburger Str. 120 | www.achteck-schwerin.de)* heißt es: In ist, wer drin ist! Gespielt werden aktuelle Charts.

Das *Mecklenburgische Staatstheater* bietet alle Sparten *(www.theaterschwerin.de);* die *Mecklenburgische Staatskapelle* gehört zu den traditionsreichen deutschen Klangkörpern *Vorverkauf: Alter Garten | Tel. 0385/ 530 01 23*

■ AUSKUNFT ■

SCHWERIN-INFORMATION

Am Markt 14 | Schwerin | Tel. 0385/ 592 52 12 | www.schwerin.info

■ ZIELE IN DER UMGEBUNG ■

LUDWIGSLUST ★   [113 D3]

Ein „Versailles von Mecklenburg" schwebte Herzog Friedrich vor, als er Mitte des 18. Jhs. Schloss und Park Ludwigslust errichten ließ. Die Pläne waren für das arme Land aber einige Nummern zu groß – im über zwei Etagen reichenden Goldenen Saal des

Schlosses konnte Reichtum nur vorgetäuscht werden, fast alles besteht aus bemaltem Pappmaché. Das Schloss wurde Museum für höfische Kunst und Wohnkultur des 18. und 19. Jhs. *(Mitte April–Mitte Okt. tgl. 10–18 Uhr; Mitte Okt.–Mitte April Di–So 10–17 Uhr | www.schloss-ludwigslust.de)*. Die turmlose Kirche gegenüber erinnert mit ihrer Schauseite an einen griechischen Tempel. Der weitgehend von Peter Joseph Lenné geschaffene prächtige Schlosspark ist der größte in Mecklenburg-Vorpommern. Östlich der Schlossanlage entstand planmäßig die 40 km von Schwerin entfernte Stadt *Ludwigslust (12500 Ew. | www.stadtludwigslust.de)* mit zunächst barocken und später klassizistischen Häusern, heute eine der wertvollsten Stadtanlagen aus dem 18./19. Jh. 41 komfortabel eingerichtete Zimmer stehen im *Hotel Erbprinz* bereit *(Schweriner Str. 38 | Tel. 03874/250 40 | Fax 291 60 | www.hotel-erbprinz.m-vp.de | €€)*.

NEUSTADT-GLEWE [113 D3]

Die *Alte Burg* ist die am besten erhaltene mittelalterliche Wehranlage Mecklenburgs. Das Schloss, 1618 im Stil der niederländischen Spätrenaissance begonnen und hundert Jahre später im schlichten Barock fertiggestellt, wurde zum *Golden Tulip Schloss Neustadt-Glewe (42 Zi. Schlossfreiheit 1 | Tel. 038757/53 20 | Fax 532 99 | www.goldentulipneu stadtglewe.com | €€)*. Neustadt-Glewe (7500 Ew., 35 km von Schwerin) erfreut mit vielen Fachwerkhäusern. Reizvoll ist von hier aus ein Ausflug mit dem Kanu oder dem Rad in das Schutzgebiet *Lewitz*, eine wasser- und wiesenreiche Niederungslandschaft.

WÖBBELIN [113 D2]

30 km südlich von Schwerin fand unter einer alten Eiche der Dichter und Freiheitskämpfer Theodor Körner 1813 seine letzte Ruhestätte. Er galt als Symbolfigur des Widerstands gegen Napoleons Fremdherrschaft.

Festliches Konzert im „Goldenen Saal" von Schloss Ludwigslust

> HÜGELGRÄBER, BURGWÄLLE UND BACKSTEINKIRCHEN

Mit Pferdekutsche, Fahrrad oder Sportboot zu Zeugen frühmittelalterlichen Lebens

> Ob mit der Pferdekutsche, auf dem Fahrrad oder im Sportboot – überall gibt es viel zu entdecken: Zwischen Serrahn und Kuchelmiß das romantische Nebeltal, in dem das sonst friedliche Flüsschen wie ein Gebirgsbach über Gesteinsbrocken rauscht. Oder den Naturpark Nossentiner-Schwinzer Heide mit Binnendünen, Feuchtwiesen, Wacholderheiden und über 50 Seen, an und auf denen sich Kraniche, Gänse und Enten beobachten lassen. Aus den Äckern heben sich bronzezeitliche Hügelgräber hervor, an die slawischen Obodriten erinnern Burgwälle. Nördlich von Sternberg wurde eine ihrer Tempelburgen ausgegraben, nachgebildet und lässt nun im Freilichtmuseum Groß Raden frühmittelalterliches Leben nachempfinden. Aus der Zeit der deutschen Besiedlung stammen Feld- oder Backsteinkirchen, so auch der 1226 gestiftete Dom in Güstrow mit seinen bedeutenden Kunstwerken.

Bild: der Dom in Güstrow

GÜSTROW BIS GOLDBERG

GOLDBERG

[108 B5] **Gold wurde hier niemals gefunden oder auch nur bearbeitet, der
Name leitet sich vielmehr von einem
slawischen Dorf namens Glocze ab.** In
dem Städtchen (3900 Ew.), das ein
gitterförmiges Straßennetz ohne zent-
ralen Marktplatz hat, geht es beschaulich zu. An den meist schmalen,
kopfsteingepflasterten Straßen stehen
kleine Fachwerkhäuser, dominante
Bauten sind die gotische Backstein-
kirche sowie das klassizistische Rathaus.

Goldberg ist der ideale Ausgangspunkt für Ausflüge: zum Beispiel in
das unter Schutz stehende *Dobber-
tiner Seengebiet* und in das mittlere
Mildenitztal mit seinen herrlichen
alten Buchenwäldern sowie zum
Flachseengebiet *Langenhägener See-
wiesen*, die im Herbst ein beliebter
Kranichrastplatz sind.

GOLDBERG

Heuernte in der Nossentiner Heide vor der Kulisse wildreicher Wälder

■ SEHENSWERTES ■

NATURMUSEUM
Naturmuseum für Westmecklenburg mit Bauerngarten. In der alten Wassermühle, einem hübschen Fachwerkbau, am Flüsschen Mildenitz ist die historische Küche der Anziehungspunkt. *Mo 10–14, Di, Mi, Fr 10–16, So 12–16 Uhr | Müllerweg 2*

■ ESSEN & TRINKEN ■

DIE INSEL
Ob mecklenburgisch, asiatisch oder mediterran: Küchenchef Sebastian Rauer überrascht gern mit ungewöhnlichen Kreationen. In seinen Kochkursen können Sie sich selbst verwirklichen. *Tgl. | Am Badestrand 4 (im Strandhotel Seelust) | Tel. 038736/82 30 | www.strandhotel-goldberg.de | €€*

Insider Tipp

■ ÜBERNACHTEN ■

SCHLOSS PASSOW
Wohnen in einem klassizistischen Kleinod in ruhiger Lage. Heiraten kann man hier auch. *25 Zi. und Suiten | Am Schloss 67 | Passow | 8 km von Goldberg entfernt | Tel. 038731/36 50 | Fax 365 19 | www. schloss-passow.de | €€*

STRANDHOTEL SEELUST
Etwa 2 km außerhalb in zauberhafter, ruhiger Lage am Goldberger See. Mit Sauna, Solarium und einem Hochzeitszimmer. *27 Zi. | Am Badestrand 4 | Tel. 038736/82 30 | Fax 823 58 | www.strandhotel-goldberg.de | €*

■ AUSKUNFT ■

FREMDENVERKEHRSAMT
Müllerweg 2 | im Naturmuseum | Goldberg | Tel. 038736/404 42 | www. goldberg.m-vp.de

■ ZIELE IN DER UMGEBUNG ■

DOBBERTIN   [108 B5]
Schon von Weitem sind die beiden 50 m hohen Doppeltürme der Klosterkirche zu sehen. Das 5 km von Goldberg entfernte Kloster wurde

nach der Reformation ein Stift für adlige Jungfrauen, heute beherbergt es eine Diakonieeinrichtung. Während einer Führung tauchen Sie ein in die klösterliche Welt. *Mitte Mai–Mitte Okt. Mi, Sa 15 Uhr, Dauer 90–120 Min. | Anmeldung unter Tel. 038736/ 861 00 | www.kloster-dobbertin.de*

NATURPARK NOSSENTINER-
SCHWINZER HEIDE [108–109 A–E 5–6]

Etwa 60 Seen schauen wie blaue Augen aus dem Grün des 365 km² großen Naturparks, in dem 16 Naturschutzgebiete liegen. Im *Informationszentrum Karower Meiler*, das sich an der Kreuzung B 103/B 192 befindet, zeigt eine ständige Ausstellung viel Interessantes. *Mai–Sept. tgl. 10–17 Uhr, April u. Okt. bis 16 Uhr, Nov., Feb., März Mo–Fr 10–16 Uhr | www.naturpark-nossentiner-schwinzer-heide.de*

Trinkwasserqualität besitzt der *Drewitzer See*, dem man bis zu 8 m auf den Grund schauen kann. Auf diesem zwölf Fußballfelder großen Gelände empfängt die *Jagd- und Naturpark-Residenz* Gäste – die einstige Honecker-Suite kostet für zwei Personen ab 92 Euro. *(48 Ferienhäuser mit 80 m² für bis zu 6 Personen | 5 Suiten | Drewitz | Tel. 039927/*

76 70 | Fax 767 19 | www.jagdresi denz.de | €€).

GÜSTROW

 KARTE IN DER HINTEREN UMSCHLAGKLAPPE

[108 B–C3] Bekannt wurde die Stadt (32 300 Ew.) selbst bei Amerikanern und Japanern durch den Bildhauer, Grafiker und Dichter Ernst Barlach, der 1910 nach Güstrow übergesiedelt war. Sein „Schwebender" im Dom dürfte berühmter sein als der Dom selbst. Die Nationalsozialisten hatten die Plastik als „entartete" Kunst entfernt und eingeschmolzen. Nach dem Zweiten Weltkrieg kam aus Köln ein Nachguss als Geschenk. Der *Marktplatz* der Stadt gehört zu den architektonischen Perlen Mecklenburgs. Das *Rathaus* besteht aus vier nebeneinander stehenden Giebelhäusern, die Ende des 18. Jhs. an der Ostseite mit einer klassizistischen Schaufassade zusammengefasst wurden.

■ SEHENSWERTES

DOM

Ernst Barlachs berühmtes Ehrenmal für die Opfer des Ersten Weltkrieges, ★ „Der Schwebende", hängt im nördlichen Seitenschiff. Der Back-

MARCO POLO HIGHLIGHTS

★ **„Der Schwebende"**
Ernst Barlachs Bronzeplastik war als Ehrenmal für die Opfer des Ersten Weltkriegs gedacht (Seite 41)

★ **Schloss Güstrow**
Norddeutsches Juwel der Renaissancebaukunst (Seite 42)

★ **Archäologisches Freilichtmuseum**
Ein slawischer Tempelort versetzt seine Besucher in die Zeit vor 1000 Jahren (Seite 47)

★ **Warnow-Durchbruchtal**
Eine landschaftliche Perle: Es rauscht und tost wie im Gebirge (Seite 47)

„Der Schwebende" trägt die Züge der Künstlerin Käthe Kollwitz

vom Beginn des 20. Jhs. *Tgl. 11–17 Uhr | Schlossstraße | Auskunft zu Themen: Tel. 03843/76 93 61*

MARIENKIRCHE

Sie steht mitten auf dem Markt. Die Figuren des Hauptaltars in dem Backsteinbau hat Jan Bormann aus Brüssel geschnitzt; die Tafelbilder stammen vom Niederländer Bernaert van Orley. Turmbesteigung ist im Juli und August möglich: Aus 53 m Höhe lässt sich die Stadt mit ihren vielen alten Bauten hervorragend überblicken.

NATUR- UND UMWELTPARK

Die Bärenanlage, eine der größten und schönsten Europas, ist eine Raubtier-WG. Denn im Wechsel leben Wölfe und Luchse mit den Bären zusammen. Insgesamt werden 1000 Tiere in 76 Arten gehalten, z.B. Seeadler, Eulen, Dam- und Schwarzwild. *April–Okt. tgl. 9–19 Uhr, Nov.–März tgl. 9–16 Uhr | Verbindungschaussee | www.nup-guestrow.de*

SCHLOSS GÜSTROW ⭐

Ein Juwel der Renaissancebaukunst in Norddeutschland. Italienische, niederländische und deutsche Handwerker und Künstler haben hier ihre unterschiedlichen Handschriften hinterlassen. Die Dreiflügelanlage ist heute Güstrows Kulturzentrum, die schönsten Räume gehören zum Schlossmuseum.Zu sehen sind vorwiegend Kunstwerke aus einst großherzoglichem Besitz, aber auch eine Sammlung zur Kulturgeschichte der Jagd. Vor allem der Festsaal ist ein Schmuckstück. *Mitte April–Mitte Okt. tgl. 10–18, Mitte Okt.–Mitte*

steinbau hat weitere bedeutende Kunstwerke zu bieten, so einen meisterhaften Flügelaltar.

ERNST-BARLACH-STIFTUNG

Im *Atelierhaus* am Heidberg und in einem Museumsneubau wird über Barlachs vielseitiges künstlerisches Schaffen informiert *(April–Okt. Di–So 10–17 Uhr, Nov.–März Di–So 11–16 Uhr)*. In der *Gertrudenkapelle* wird der Künstler ausschließlich als Bildhauer vorgestellt. *Gertrudenplatz 1 | geöffnet wie Atelierhaus | www.ernst-barlach-stiftung.de*

GALERIE WOLLHALLE

Wechselnde Kunstausstellungen in einem restaurierten Fachwerkbau

> *www.marcopolo.de/mecklenburgseen*

GÜSTROW BIS GOLDBERG

April Di–So 10–17 Uhr | Schloss | www.schloss-guestrow.de

■ ESSEN & TRINKEN ■
BARLACH-STUBEN
Mecklenburgische Küche, vor allem Wild und Fisch. *Tgl. | Plauer Str. 7 | Tel. 03843/68 48 81 | €€*

CAFÉ KÜPPER

Insider Tipp

Romantischer Kaffeegarten im Innenhof in der warmen Jahreszeit, das ganze Jahr über hausgebackene Kuchen und Torten. *Tgl. | Domstr. 15 | Tel. 03843/68 24 85*

■ ÜBERNACHTEN ■
GÄSTEHAUS AM SCHLOSSPARK ▶▶
Ein bei Radlern beliebtes Haus mit einem tollen Blick auf das Schloss. Alle 115 Zimmer mit Internetanschluss. *Neuwieder Weg | Tel. 03843/24 59 90 | Fax 24 59 92 | www.gaestehaus-guestrow.de | €*

RINGHOTEL HOTEL STADT GÜSTROW
71 behaglich eingerichtete Zimmer unmittelbar am Marktplatz. *Markt 2–3 | Tel. 03843/78 00 | Tel. 78 01 00 | www.nordik-hotels.de | €€*

VILLA CAMENZ
Pension im englischen Landhausstil in Randlage. *15 Zi. | Lange Stege 13 | Tel. 03843/245 50 | Fax 24 55 45 | www.villa-camenz.de | €*

■ FREIZEIT & SPORT ■
Die *Oase (www.oase-guestrow.de)*, das täglich geöffnete Badeparadies in der *Plauer Chaussee 7*, hat Innen- und Außenwasserbecken, Strömungskanal, 130-m-Rutsche, Saunawelt und vieles mehr. Fahrspaß in Karts von 4,4–9 PS gibt es auf der *Kartbahn* in der *Glasewitzer Chaussee 12 (im Industriepark Rövertannen | www.kart-guestrow.de)*.

Vom Turm der Marienkirche überblickt man ganz Güstrow

■ AUSKUNFT ■

GÜSTROW-INFORMATION
Franz-Parr-Platz 10 (im Stadtmuseum) | Güstrow | Tel. 03843/681023 | www.guestrow-tourismus.de

■ ZIEL IN DER UMGEBUNG ■

GESTÜT GANSCHOW [108 B4]
Das größte Gestüt Mecklenburg-Vorpommerns, 10 km von Güstrow entfernt, mit über 300 Pferden. Ganzjährig Besichtigungen, Fahr- und Reitlehrgänge, Geländeritte, Kremser- und Kutschfahrten. *Tel. 038458/202 26 | www.gestuet-ganschow.de*

KRAKOW AM SEE

[108 C5] **Der offizielle Ortsname sagt schon viel über die Lage: eine kleine Stadt (3500 Ew.) an einem großen See (16 km²), der mit seinen vielen Buchten und kleinen Inseln zu den schönsten Gewässern der Mecklenburgischen Seenplatte zählt.** Mehrere Stadtbrände haben in Krakow die interessanten Bauwerke vernichtet, die Stadtkirche

>LOW BUDGET

> Freien Eintritt in die Güstrower Museen und tolle Rabatte in 200 Geschäften und Restaurants mit der *Güstrow Card:* für 18 Euro und vier Wochen.
> Im ▶▶ *Schnick-Schnack,* der Szenekneipe im alten Speicher in der Güstrower Mühlenstr. 8, kosten kleine Snacks um die 5 Euro und mittwochs alle Cocktails nur 3 Euro. *www.schnicksschnack-guestrow.de*

aus dem 13. Jh. wurde nach jedem Brand etwas bescheidener errichtet. Die Sehenswürdigkeiten des traditionsreichen Luftkurorts sind landschaftliche Perlen. Steigen Sie auf den ☀ Aussichtsturm auf dem *Jörnberg* oder auf den 81 m hohen *Mäckelberg*, und überzeugen Sie sich selbst, warum Fritz Reuter das Paradies „bi Groten-Baebelin, Serrahn un Krakow, so recht middwarts in Mecklenborg" ansiedelte.

■ SEHENSWERTES ■

BUCHDRUCKMUSEUM
Hier ist zu sehen, wie früher Druckerzeugnisse entstanden; nach Voranmeldung auch Schaudrucken. Wer eine Treppe höher steigt, kommt in die Heimatstube des Ortes. *Mai–Okt. Di–Sa 10–12 u. 13–17, Nov.–April Di–Fr 10–12 u. 13–16 Uhr | Schulplatz 2 | www.druck-buchkultur.de*

JÜDISCHE GEDENKSTÄTTEN
Die *Synagoge* (1866) überstand als eine der wenigen den nationalsozialistischen Terror, weil die Krakower Juden sie bereits 1921 dem Arbeiter-Turn- und -sportbund als Turnhalle übergeben hatten. Im ehemaligen Betsaal finden heute Ausstellungen und kulturelle Veranstaltungen statt *(Schulplatz)*. Auf dem etwa 100 m entfernten *jüdischen Friedhof*, einem separaten Teil des kommunalen Friedhofs, fand 1937 die letzte Beerdigung statt. Der älteste Grabstein stammt von 1829. *Plauer Chaussee*

■ ESSEN & TRINKEN ■

ICH WEISS EIN HAUS AM SEE
Vom Michelin mit einem Stern geadelt. Raik Zeigner gehört mit seiner

GÜSTROW BIS GOLDBERG

regional beeinflussten französischen Küche zu den Spitzenköchen Mecklenburg-Vorpommerns. Auch zehn Zimmer. *Nur abends, Mo geschl. | Altes Forsthaus 2 | Tel. 038457/ 232 73 | www.hausamsee.de | €€€*

■ ÜBERNACHTEN ■

GUTSHOTEL GROSS BREESEN

Ein Refugium der Ruhe und Entspannung, 20 km westlich von Krakow am See. Mehr als 70000 Bücher

Krakow entfernt, hat sich zu einem Ferienort entwickelt. Mit dem *Van der Valk Resort Linstow* entstand ein Hotel- und Ferienparkkomplex mit 88 Hotelzimmern, 250 Ferienhäusern, Erlebnisbad, Restaurants und vielen Freizeitmöglichkeiten. *Krakower Chaussee 1 | Tel. 038457/70 | Fax 245 65 | www.vandervalk.de | €€–€€€*

Das in Deutschland einmalige *Wolhynier-Umsiedlermuseum* im Dorf erinnert an 73 deutschstämmige Um-

Lustig bunt kuscheln sich die Bootshäuser ins Schilf am Krakower See

warten auf Leseratten. *30 Zi. | Groß Breesen | Tel. 038458/500 | Fax 502 34 | www.gutshotel.de | €€*

■ AUSKUNFT ■

KRAKOW-INFORMATION

Lange Str. 2 | Krakow am See | Tel. 038457/222 58 | www.krakow-am-see.de

■ ZIELE IN DER UMGEBUNG ■

LINSTOW   [109 D5]

Das bislang abseits der Touristenwege liegende Linstow, 10 km von

siedler aus der westukrainischen Region Wolhynen, die 1947 in Linstow eine neue Heimat fanden. *Mai–Okt. Di–Fr 13–16, Sa, So 14–16, Nov.–April Di–Fr 13–16 Uhr | www.um siedlermuseum.wolhynien.de*

NEBELTAL   [108 C4]

Wie ein Gebirgsbach springt die Nebel zwischen Serrahn und Kuchelmiß über die Felsbrocken. Wer den *Naturlehrpfad Nebeltal* entlangwandert, kann im klaren Wasser des von Wald umsäumten Flusses die Forellen

beobachten. Bei *Serrahn*, 9 km nord-
östlich von Krakow, liegt wunderschön und ruhig direkt am Serrahner
See das <mark>Landhaus Serrahn</mark> mit
Restaurant und einer 9-/18-Loch
Golfanlage *(34 Zi. | Dobiner Weg 24
| Tel. 038456/669 20 | Fax 669 22 00 |
www.vandervalk.de | €€).*

Insider Tipp

STERNBERG

[107 F4] Im Osten der Sternberger See,
im Westen der Luckower See und in der
Mitte Sternberg (5000 Ew.) mit der *Stadtkirche*, die wie eine Glucke auf ihrem Nest
wirkt. Die als „Sternberger Brand"
bezeichneten Verzierungen am Quer-
balken im ersten Geschoss bilden
einen hübschen Schmuck an den
zahlreichen Fachwerkhäusern. Die
am rechteckigen *Marktplatz* entstanden nach dem großen Stadtbrand
1741. Im Vorgängerbau des *Rathauses* an der Nordseite tagte von 1572
an (ab 1621 im Wechsel mit Malchin)
der mecklenburgische Landtag.

■ SEHENSWERTES ■

HEIMATMUSEUM
Der Arbeitsplatz des Friseurs stammt
von 1888. Der rasierte nicht nur Bärte
und schnitt Haare, sondern zog bis
1925 auch Zähne. Im Museumshof
sind bäuerliche Arbeitsgeräte zu sehen. *Di–Do 10–14 Uhr, Juli/Aug.
auch So 15–17 Uhr | Mühlenstr. 6*

STADTKIRCHE
Das Fresko an der Wand der Turm-
halle zeigt die Beratung der Stände-
versammlung 1549 an der Sagsdorfer
Brücke, bei der die Einführung der
Reformation in Mecklenburg be-
schlossen wurde. ❊ Weit übers Land

können Sie vom Turm der Backstein-
kirche blicken. *Mühlenstr.*

■ ESSEN & TRINKEN ■

LANDGASTHOF STERNBERGER BURG
Regionale Küche in der Nähe des
Warnow-Durchbruchtals. *Tgl. |
Dorfstr. 1 | im Ortsteil Sternberger
Burg | Tel. 03847/31 10 71 | €–€€*

■ ÜBERNACHTEN ■

SCHLOSS KAARZ
Etwa 10 km westlich von Sternberg,
allein stehend in einem Park mit alten
Mammutbäumen. *11 Zi., 9 Ferien-
wohnungen (bis 4 Pers.) | Kaarz |
Tel. 038483/30 80 | Fax 308 40 | www.
schloss-kaarz.m-vp.de | €–€€*

SEEHOTEL STERNBERG AM SEE
Helle und freundliche Zimmer mit
Seeblick. Sauna, Swimmingpool, So-
larium und gemütliches Restaurant.
*42 Zi. | J.-Dörwaldt-Allee 4 | Tel.
03847/350 | Fax 35 01 66 | www.see
hotel-sternberg.de | €€*

So lebten sie, die alten Slawen: Archäologisches Freilichtmuseum Groß Raden

CAMPING

CAMPING STERNBERGER SEENLAND

Zum Mieten gibt es auch acht Blockhäuser und Bungalows sowie Kanus und Kajaks für romantische Touren auf der Warnow und der Mildenitz. *Ganzjährig offen | Tel. 03847/25 34 | Fax 53 76 | www.camping-sternberg. de | €*

FREIZEIT & SPORT

Freibad am Luckower See und *Strandbad* am Sternberger See, dort gibt es auch einen Bootsverleih. Die *Badestellen am Wustrower und am Oberen See* südwestlich der Stadt werden (noch) als Geheimtipp gehandelt – beide Seen gehören übrigens zu den saubersten in der Seenplatte.

AUSKUNFT

TOURISTINFORMATION

Am Markt 3 | Sternberg | Tel. 03847/ 44 45 35 | www.amt-sternberger-seen landschaft.de

ZIELE IN DER UMGEBUNG

GROSS RADEN   [107 F4]

Im ⭐ *Archäologischen Freilichtmuseum*, 6 km von Sternberg entfernt, erhält man Informationen über das Leben der Warnower, eines Teilstamms der slawischen Obotriten, vor 1100–1200 Jahren. Von der 1973–80 ausgegrabenen Siedlung und Kultstätte wurden die markantesten Gebäude – u. a. der Tempel aus dem 9. Jh. – auf einer Halbinsel rekonstruiert. *April–Okt. tgl. 10–17.30 Uhr, Nov.–März Di–So 10–16.30 Uhr | www.archaeologie-mv.de*

WARNOW-
DURCHBRUCHTAL ⭐   [107 F3–4]

8 km von Sternberg rauscht und tost es wie im Gebirge. Wer die friedliche Warnow von Rostock her kennt, kann kaum glauben, wie wild sie sich auf den 2 km zwischen Groß Görnow und Klein Raden gebärdet. Ein Rundweg führt durch das 80 ha große Naturschutzgebiet.

> KLEINES MEER
UND GROSSER PARK

Bilderbuchhafte Region mit Fischotter, Seeadler
Kormoran und Kranich

> Einer Kette gleich reihen sich der Plauer
See, Fleesensee, Kölpinsee und die Müritz
aneinander. Sie werden die „Oberen Seen"
genannt, weil sie mit mehr als 60 m über
dem Meeresspiegel verhältnismäßig hoch
liegen. Die Großseenlandschaft ist ein
Eldorado für Angler und Wassersportler.
Die Elde, mit 220 km längster Fluss
Mecklenburgs, verbindet die Seen.
Östlich der Müritz, Deutschlands
größtem See, verschafft der Müritz-
Nationalpark seinen Besuchern groß-

artige Natureindrücke. Wälder, Seen
und Moore bilden die Lebensgrund-
lage für eine reiche Flora und Fauna.
Reh- und Rotwild, Dam- und Muffelwild sowie Wildschweine finden hier
Deckung und Nahrung, über den
Wipfeln kreist Deutschlands Wappentier, der Seeadler. Der Fischotter fühlt
sich hier noch wohl, Kormorane
brüten, Kraniche balzen, Zehntausen-
de von Wildgänsen rasten hier im
Oktober auf ihrem Zug in Richtung

Bild: Müritz

GROSS SEENLAND

Süden. Östliches Eingangstor bildet Waren, das wie Plau am See, Malchow und Röbel bis heute sein stilles Flair behalten hat: kleine Fachwerkhäuser, kopfsteingepflasterte Straßen und würdige Backsteinkirchen mit alles überragenden Türmen.

MALCHOW

[115 D1] **Perle der Mecklenburger Seenplatte nennt sich Malchow (7600 Ew.)**

gern, das in der Tat eine wunderschöne **Lage hat:** In die Stadt schlängelt sich der Malchower See, im Norden stößt sie an den Fleesensee, und im Westen liegt der Plauer See. Der Altstadtkern mit seinem hübschen *Fachwerk-Rathaus* liegt auf einer Insel, die ein Erddamm und eine Drehbrücke mit dem Festland verbinden. Wenn die Brücke mehrmals am Tag zur Seite gedreht wird, um größeren Booten die Durchfahrt zu ermöglichen, versammeln sich hier stets Schaulustige, um den Freizeitkapitänen vergnügt zuzuwinken.

■ SEHENSWERTES ■

DDR-MUSEUM

Wissenswertes über die Alltagsgeschichte des untergegangenen „Arbeiter-und-Bauern-Staates". *April–Okt. tgl. 10–17 Uhr, Nov., Dez.*

■ ÜBERNACHTEN ■

AM FLEESENSEE 〰

Familiengeführtes Haus, direkt am See. *11 Zi. | Strandstr. 4a | Tel. 039932/16 30 | Fax 163 10 | www.hotel-am-fleesensee.m-vp.de | € – €€*

PENSION UND SCHÄNKE LENZER KRUG

Traumhafte Lage am Lenzer Kanal und am Plauer See (6 km von Mal-

Motiv für Maler: Malchow mit der alles überragenden Klosterkirche

Mo–Fr 10–16, Sa, So 13–16 Uhr | Kirchenstr. 25

■ ESSEN & TRINKEN ■

HOTELRESTAURANT ROSENDOMIZIL ✳

Bei herrlichem Seeblick munden die frische Küche und die hausgemachten Konditoreiwaren besonders gut. *Tgl. | Lange Str. 2–6 | Tel. 039932/18065 | www.rosendomizil.de*

chow entfernt). Schmackhafte Fisch- und Wildgerichte. *10 Zi. | Lenz | Tel. 039932/16 70 | Fax 167 32 | www.lenzer-krug.de | €€*

■ FREIZEIT & SPORT ■

Die *Eis- und Rollsportanlage* in der *Schulstraße 58a (www.eishallemalchow.de)* lädt im Sommer zu Inlineskating und Streetball, im Winter zum Schlittschuhlaufen. Täglich geöffnet hat die *Bowling-Bar F & A* am Waldsportplatz. Von Mai bis Anfang September gibt es täglich verschiedene *Schiffsausflüge*, von Tagesfahrten bis zu Drei-Seen-Rundfahrten.

■ AUSKUNFT ■

TOURIST-INFORMATION
An der Drehbrücke | Malchow | Tel. 039932/831 86 | www.tourismus-malchow.de

■ ZIELE IN DER UMGEBUNG ■

ALT-SCHWERIN   [115 D1]
Etwa ein Dutzend im 7 km von Malchow entfernten Dorf verstreut liegende Gebäude gehören zum *Agrarhistorischen Museum*. Für „Wessis" sollte die Ausstellung in der einstigen Schnitterkaserne ein Muss sein, denn sie wurde nach der Einheit bewusst nicht verändert. Sie zeigt die =Agrargeschichte aus DDR-Sicht=, also ein Museum im Museum. *Mai–Sept. tgl. 10–18 Uhr, April, Okt. Di–So 10–18 Uhr | www.museum-alt-schwerin.de*

Am Museum liegt der *Schmetterlingsgarten* mit Hunderten tropischer Falter. *April, Mai, Sept.–Nov. tgl. 10–18, Juni–Aug. tgl. 9–19 Uhr | www.schmetterlinge-malchow.de*

An der Wendorfer Bucht (ausgeschildert) bieten zwei Fischer fangfrischen Fisch an, über Buchenspan geräuchert. =Leckere Fischgerichte= ^Insider Tipp^ gibt es in ihrer Gaststätte *Zur Forelle (tgl. | Tel. 039932/499 05 | www.fischerei-alt-schwerin.de | €–€€).*

LAND FLEESENSEE ★   [115 E1]
Mitteleuropas größte Ferienanlage. Drei Unternehmen bieten in *Göhren-Lebbin*, 7 km von Malchow, 1700 Betten an, ferner gibt's vier Golfplätze, eine Reitanlage und das 🔊 *Fleesensee Spa (www.fleesensee-spa.de).*

Das Hotel *Radisson SAS Resort Schloss Fleesensee*, das aus dem völlig modernisierten Schloss Blücher entstand, hat 184 Zimmer und einen Wellnessbereich *(Tel. 039932/801 00 | Fax 80 10 80 10 | www.fleesensee.radissonsas.com | €€€).* Viel gelobt: die Küche des Restaurants *Fréderic (Nebensaison Mo, Di geschl. | €€€).*

Der *Robinson Club Fleesensee* bietet 201 Zimmer, 7 Ferienhäuser, Sporthalle, Hallenschwimmbad mit Außenpool, Internetcafé, Disko, zwei Restaurants und Bars *(Tel. 039932/802 00 | Fax 802 01 00 | www.robinson-fleesensee.de | €€).* Das *Dorfhotel Fleesensee* besteht aus fünf „landes-

MARCO POLO HIGHLIGHTS

★ **Land Fleesensee**
Ferienanlage mit Luxushotel, Hoteldorf, Robinsonclub, Erlebnisbad, Golfplatz, und weiteren Freizeiteinrichtungen (Seite 51)

★ **Müritz-Nationalpark**
Mit dem Fernglas Seeadler und Kraniche beobachten (Seite 59)

★ **Bollewick**
Handwerker, Geschäfte, Gaststätte und Hotel in Norddeutschlands größter Feldsteinscheune (Seite 56)

★ **Müritzeum – Haus der 1000 Seen**
Das große Erlebnis-Center mit faszinierender Aquarienlandschaft (Seite 57)

typischen" Dörfern mit 193 Apartments (38–62 m², bis sechs Personen), drei Restaurants, Jugendclub mit Internetcafé und 9 m hoher Kletterwand, Fußballplatz, Leuchtturm (Kindergarten) und Piratenschiff *(Tel. 039932/803 00 | Fax 80 30 20 | www.dorfhotel.com | €€– €€€).*

TEERSCHWELER SPAROW   [109 D6]
Nach alten Unterlagen entstand bei Sparow ein Teerofen, wie es ihn in dieser Region vor 300 Jahren gab. Sechsmal im Jahr finden Schwelbrände statt *(Termine: 039927/768 47 | www.teerofen-sparow.com | Nov.–April Mo–Do 8–15.30, Fr 8–12 Uhr, Mai, Sept., Okt. Mo–Fr 8–17, Sa u. So 10–17 Uhr, Juni–Aug. Mo–Fr 8–18, Sa, So 10–18 Uhr).*

Wem es in der Region gefällt, dem sagt sicherlich auch das gepflegte *Hotel Gutshof Sparow* zu, das Sport, Fitness und Gourmeterlebnisse bietet. *50 Zi. | Tel. 039927/76 20 | Fax 762 99 | www.gutshof-sparow.de | €€*

PLAU AM SEE

[114 C1] **Romantisch und ein wenig beschaulich geht es in dem Städtchen (6000 Ew.) zu. Wer von der Elbe zur Großlandschaft schippern möchte, kommt an Plau nicht vorbei – durch die Stadt führt die viel befahrene Müritz-Elde-Wasserstraße.** Ein Landgang ist empfehlenswert. Holprige Straßen führen nach oben zum *Markt* mit dem Rathaus im Neorenaissancestil und vielen kleinen Fachwerkhäusern. Plaus schönster Flecken ist der Ortsteil *Seeluster Bucht.* ☀ Vom Turm der Stadtkirche und vom Burgturm lassen sich die nächsten Wanderziele in der grünen Landschaft abstecken, aus der sich der *Plauer See* heraushebt, Mecklenburgs drittgrößtes Gewässer.

◼ **SEHENSWERTES** ◼

TECHNISCHE DENKMALE
Mit einer Hubhöhe von 1,86 m ist die 1916 erbaute Brücke über die Dammstraße ein beliebtes Fotomotiv. Wenn

Immmer wieder spannend: das Hausboot – wie hier in Plau – durch die Hubbrücke zu bugsieren

man an der Elde 800 m weiter geht, erreicht man die Elde-Schleuse. Die Holzbrücke über die Anlage wird „Hauhnerledde“ (Hühnerleiter) genannt, denn als sie 1945 gebaut wurde, konnten aus Materialmangel lediglich Leisten statt Treppen aufgenagelt werden.

ESSEN & TRINKEN

Insider Tipp

FACKELGARTEN

Romantik pur: leuchtende Fackeln auf der Terrasse mit Blick auf die Elde und die Hubbrücke. Dazu eine nette Frische-Küche mit einfallsreichen ambitionierten Gerichten. *Tgl. | Dammstr. 26 | Tel. 038735/85 30 | www.fackelgarten.de* | €€–€€€

FISCHERHAUS

Frischer Fisch in allen Variationen, direkt aus dem Wasser oder dem Rauch, dazu Brot aus dem Lehmbackofen. *Tgl. | An der Metow 12–14 | Tel. 038735/83 90 | www.ferienin plau.de* | €€–€€€

EINKAUFEN

Fangfrischen Fisch aus den umliegenden Seen und Räucherfisch noch warm aus dem Rauch verkauft die *Fischerei Plau (An der Metow | bei der Hubbrücke).*

ÜBERNACHTEN

SEEHOTEL

Familiengeführtes 4-Sterne-Hotel in direkter Seelage. *85 Zi. | Hermann-Niemann-Str. 6 | Tel. 038735/840 | Fax 841 66 | www.seehotel-plau.de* | €€–€€€

SEERESIDENZ HOTEL GESUNDBRUNN

Der Charme einer 1906 erbauten Jugendstilvilla ist mit modernem Komfort verbunden. Das familiengeführte Hotel liegt direkt am See. *24 Zi. | Hermann-Niemann-Str. 11 | Tel. 038735/81 40 | Fax 814 27 | www.see residenzgesundbrunn.de* | €–€€

FREIZEIT & SPORT

Den Plauer See und die Müritz mit dem Wasserflugzeug aus der Luft erleben! Die umgebaute Cessna 206 mit Schwimmpontons startet für 30 Min. mit vier Personen ab der Seeluster Bucht. *Flugtermine und Reservierung unter Tel. 0800/840 84 08*

Insider Tipp

Mut und Geschicklichkeit sind gefragt im *Kletterpark*, mehrere Seilparcours mit unterschiedlichen Schwierigkeitsgraden führen durch grüne Bäume. *März Sa, So 11–18, April Mi–So 11–18, Mai–Okt. tgl. 10–18 Uhr | Ziegeleiweg, auf dem Klüschenberg | Tel. 038735/81 97 38 | www.kletterpark-plau.de*

Auf den 23 km Eisenbahngleisen zwischen Damerow (direkt an der B 192 bei der Kaserne) und Borkow

RÖBEL

rollen gummibereifte Fahrraddraisinen für 2–4 Personen durch den Naturpark Nossentiner-Schwinzer Heide. Tel. 039931/545 06 | *www.draisine-mecklenburg.de*

◼ AUSKUNFT ◼
TOURIST-INFORMATION
Marktstr. 20 | Plau am See | Tel. 038735/456 78 | www.plau-am-see.de

RÖBEL

[115 E2] Wie in allen Kleinstädten der Seenplatte, so bestimmen auch in Röbel (6000 Ew.) ein- und zweigeschossige Fachwerkhäuser das Stadtbild. Weil aber Fachwerk im 19. Jh. als ärmlich galt, wurden viele nachträglich verputzt. Die Hauptstraße zieht sich endlos hin, vorbei am *Markt* mit der Nikolaikirche

Auch nach dem Fischzug geht die Arbeit weiter: So wird der Fang frisch gehalten

◼ ZIEL IN DER UMGEBUNG ◼
BÄRENWALD STUER [114 C2]
Sie heißen Susi und Maya, Lothar und Otto: Auf ca. 8 ha können bis zu zehn in Not geratene Braunbären (derzeit sind es acht) ihren Bedürfnissen entsprechend leben – beispielsweise aus in Konkurs gegangenen Zirkussen oder als Tanzbären missbrauchte Tiere. *April–Okt. tgl. 9–18 Uhr, Nov.–März tgl. 10–16 Uhr | www.baerenwald-mueritz.de*

und der Marienkirche. Wo sie den *Binnensee* erreicht, eine Bucht der Müritz, fahren die Fahrgastschiffe ab.

◼ SEHENSWERTES ◼
KIRCHEN ☼
Röbel und die Müritz vom 58 m hohen Turm der *Marienkirche* aus der Vogelperspektive überblicken – fantastisch. In der *Nikolaikirche* am Markt lohnt die neogotische Ausstattung einen Blick.

Insider Tip

GROSS-SEENLAND

■ ESSEN & TRINKEN ■
FISCHHAUS MEYL
In dem Bistro werden Fischspezialitäten angeboten, geräuchert, gebraten, frittiert, mariniert oder in Aspik. Vieles gibt's auch zum Mitnehmen. *Tgl. | Straße der Deutschen Einheit 48 | Tel. 039931/501 84 | €*

■ ÜBERNACHTEN ■
LANDHAUS MÜRITZGARTEN
Hotel garni, 200 m von der Müritz in ruhiger Lage. 37 Zimmer im Landhausstil mit Balkon/Terrasse. Liegewiese. *Seebadstr. 45 | Tel. 039931/88 10 | Fax 88 11 13 | www.landhaus-mueritzgarten.m-vp.de | €€–€€€*

SEELUST
Traumhafte Lage an der Müritz: Versuchen Sie eins der Balkonzimmer mit Blick aufs Wasser zu bekommen! Außerdem Whirlpool, römisches Dampfbad, Solarium. *32 Zi. | Seebadstr. 33a | Tel. 039931/58 30 | Fax 534 93 | www.hotel-seelust.de | €€*

SEESTERN
Auf einer Landzunge gelegen, von allen Balkonen einen romantischen Seeblick. ==Vorzügliche Küche== mit regionalen Produkten. *28 Zi. | Müritzpromenade 12 | Tel. 039931/580 30 | Fax 58 03 39 | www.hotel-seestern-roebel.de | €–€€*

Insider Tipp

■ FREIZEIT & SPORT ■
Freizeitspaß auf 3000 m² mit 58-m-Wasserrutsche und vielem mehr bietet die täglich geöffnete *Müritz-Therme*, zu der u.a. auch ein Restaurant, ein Strandbad und eine Tauchbasis gehören *(Am Gottunskamp 14 | www.mueritz.de/therme)*.

Mehrmals täglich verkehren von Mai bis Oktober *Fahrgastschiffe* nach Waren, Klink und Rechlin.

■ AUSKUNFT ■
TOURIST-INFORMATION
Straße der Deutschen Einheit 7 | im Haus des Gastes | Röbel | Tel. 039931/506 51 | www.stadt-roebel.de

> BLOGS & PODCASTS
Gute Tagebücher und Files im Internet

> *www.mv-boote.de* – Ferien im Boot, Jachtcharter und Erlebnisberichte über Bootsferien

> *www.sehnsuchtdeutschland.com/blog* – umfangreicher Blog, auch über Mecklenburg-Vorpommern als Reiseziel

> *www.seenplatte-ferien.de* und *www.mueritz-erlebnis.de* – privater Blog mit vielen tollen Informationen über die Region der Seenplatte

> *www.kultur-kolumne.de* – Kulturelles, Veranstaltungen und Infos über das, was in der Seenplatte los ist

> *www.ndr.de/podcastlink/ndr1radiomv_topfgucker.xml* –Prominente kochen Gerichte aus Mecklenburg-Vorpommern

> *www.ndr.de/podcastlink/ndr1radiomv_vorsichtleif.xml* – Beliebt und gefürchtet zugleich sind Leif Tennemanns Telefonanrufe

Für den Inhalt der Blogs & Podcasts übernimmt die MARCO POLO Redaktion keine Verantwortung.

■ ZIELE IN DER UMGEBUNG ■

BOLLEWICK ★ [115 E3]

In der mit 125 mal 34 m größten Feldsteinscheune Norddeutschlands standen zu DDR-Zeiten 650 Rinder, heute ist das 3 km südlich von Röbel gelegene Bauwerk mit 10000 m² Fläche auf zwei Etagen touristisches Dienstleistungs- und Veranstaltungszentrum. Unter dem Scheunendach befinden sich traditionelle Handwerker-Schauwerkstätten, Dorfschänke und Café. Im Bauernladen gibt es Mecklenburger Produkte. *Auskunft: Tel. 039931/520 09 | www.die-scheune.m-vp.de.*

Im gemütlichen Bio-Landhotel *Zur Scheune* können Sie vor Ort schlafen. *28 Zi. | Tel. 039931/580 70 | Fax 580 71 11 | www.reschke-hotels.de | €*

CAFÉ SCHEUNE ▶▶ [115 E3]

Das Café bei *Wredenhagen* ist zur Institution geworden. Hier, 10 km südlich von Röbel, spielen <mark>internationale und nationale Künstler</mark> unterschiedlicher Genres, stellen Maler, Fotografen, Bildhauer und Schmuckdesigner ihre Arbeiten aus, im Kino sind besondere Filme zu sehen. *Mo geschl., im Winter auch Di, Mi | Tel. 039925/23 46 | www.cafescheune.de | €*

Insider Tipp

LUDORF [115 F2]

Nicht nur in Mecklenburg-Vorpommern eine Seltenheit ist die achteckige, 1346 geweihte Backsteinkirche 4 km östlich von Röbel. Das 1698 erbaute, restaurierte und modernisierte *Gutshaus* öffnete als Hotel. Lecker ist das Essen im Hotelrestaurant *Morizaner* (€€€). *23 Zi. | Tel. 039931/84 00 | Fax 846 20 | www.gutshaus-ludorf.de | €€€*

WAREN

[109 F6] Waren hat sich nach der Einheit gemausert! Die Altstadt mit ihren vielen Restaurants und Geschäften zeigt sich in neuem Glanz, und am Stadthafen pulsiert das Leben. Das terrassenförmig entstandene Waren (22000 Ew.) bildet das touristische Zentrum der Großseenlandschaft und ist als eines der Tore in den Müritz-Nationalpark hervorragender Ausgangspunkt für Wanderungen und Radtouren.

■ SEHENSWERTES

KIRCHEN

Wertvollstes Ausstattungsstück in der *Georgenkirche* am Georgenkirchplatz ist die 600 Jahre alte Kruzifixgruppe. Die *Marienkirche* in der Großen Burgstraße ist wegen des barocken Helms auf dem 54 m hohen ❋ Turm, der – nach 176 Stufen Aufstieg – weite Blicke ins Land gestattet, unübersehbar.

MILITÄRHISTORISCHES MARINEMUSEUM

Marinegeschichte von der Kaiserlichen Marine über die Reichsmarine, die Marine des Dritten Reichs und die der Nationalen Volksarmee bis hin zur Bundesmarine. *Tgl. 10–12 u. 13–18 Uhr | Lange Str. 3 | www. marinemuseum-mueritz.de*

MÜRITZEUM –
HAUS DER 1000 SEEN ⭐

Im Neubau *Steinmole 1* tummelt sich im größten Süßwasseraquarium Deutschlands ein Schwarm von 600 Maränen. Zu den Erlebnissen gehören ferner, gemeinsam mit Vögeln von oben auf die Landschaft zu schauen, mit einer Taschenlampe durch den dunklen Wald zu gehen und die Bilderschau „Die Jahreszeiten an der Müritz". Im Altbau *Friedensstr. 5* wird die Ausstellung „Natur im Sammlungsschrank" gezeigt. *April– Okt. tgl. 10–19, Nov.–März tgl. 10–16 Uhr | www.mueritzeum.de*

■ ESSEN & TRINKEN ■
ALTES REUSENHUS

In der urigen Gaststätte werden Aal, Barsch, Forelle frisch aus der Müritz serviert. *Tgl. | Schulstr. 7 | Tel. 03991/ 66 68 97 | www.reusenhus.de | €€*

KLEINES MEER

Die fantasievolle Küche im gleichnamigen Hotel gehört zu den besten der Region. *Tgl., im Winter So, Mo geschl. | Alter Markt 7 | Tel. 03991/ 64 80 | www.kleinesmeer.com | €€€*

■ ÜBERNACHTEN ■
SCHLOSS KLINK 🔊

Das den Loire-Schlössern nachempfundene Schloss Klink am Ufer der

Auf dem Hausboot mit gemütlichen 8 bis 12 km/h die Seenplatte erkunden

Müritz (8 km von Waren entfernt) wurde Hotel und befriedigt auch hohe Ansprüche *(30 Zi. €€€)*. Preisbewusste buchen in der ebenfalls stilvoll eingerichteten Orangerie *(78 Zi. €€)*. *Klink | Tel. 03991/74 70 | Fax 74 72 99 | www.schlosshotel-klink.de*

RINGHOTEL VILLA MARGARETE ⌇

In einer Villenstraße am Waldrand, 200 m von der Müritz, erwartet Sie eine angenehme Atmosphäre. Wellnessbereich. *31 Zi. | Fontanestr. 11 | Tel. 03991/62 50 | Fax 62 51 00 | www.villa-margarete.de | €€€*

Insider Tipp
WASSERBETTENHOTEL

Wasserbetten in fünf verschiedenen Härten. Der Gast kann testen, sofern Zimmer frei sind. Und wem sein Bett gefallen hat, der kann es kaufen und mitnehmen. *10 Zi. | Lange Str. 2 | Tel. 03991/18 15 40 | Fax 18 15 43 00 | www.reschke-hotels.de | €€*

■ FREIZEIT & SPORT ■

Das sportliche Zentrum der Stadt bildet der völlig modernisierte Hafen mit seinen Holz- und Getreidespeichern aus dem 19. Jh. Hier stehen *Hausboote und Kanus* zum Mieten bereit. Mehrmals täglich verkehren *Fahrgastschiffe* zwischen Waren und Klink, Waren und Rechlin, Waren und Röbel *(Mai–Okt.)*.

Insider Tipp
Naturnahen Abenteuerurlaub versprechen die 23 m² großen Expeditionsflöße. Angetrieben werden sie von einem führerscheinfreien Außenbordmotor. Auch Familienflöße mit überdachtem Fahrstand stehen bereit. *Nationalpark-Tours | Lloydstr. 3 | Tel. 03991/67 00 84 | www.nationalpark tours.de*

■ AM ABEND ■

Für den Sound sorgen in der ▶▶ Disco *Akropolis* DJs aus der Techno-, Electro- und House-Szene *(Ernst-Alban-Str. 9 | www.club-akropolis.de)*. Durch einen Torbogen in der Langen Str. 56 erreichen Sie die Kneipe Amboss mit **Insider Tipp** ihrem lauschigen Biergarten.

■ AUSKUNFT ■
WAREN-INFORMATION

Neuer Markt 21 | Waren | Tel. 03991/ 66 61 83 | www.waren-tourismus.de

■ ZIELE IN DER UMGEBUNG ■
ANKERSHAGEN   [116 B1]

Im 25 km östlich von Waren gelegenen Ankershagen sind Originalfunde aus Troja zu sehen! Weil der Archäologe Heinrich Schliemann, der die antike Stadt ausgrub, einen Teil seiner Kindheit in Ankershagen verlebte, wurde das Pfarrhaus zum *Schliemann-Museum (April–Okt. Di–So 10–17 Uhr, Juni–Aug. tgl. | Nov.–März Di–Fr 10–16, Sa 13–16 Uhr | www.schliemann-museum.de)*.

Im nahen *Gutshaus Friedrichsfelde* können Sie in der Nationalpark-Information auf einem Bildschirm eine Storchenfamilie live beobach- **Insider Tipp** ten. Neben ihrem Horst in *Rumpshagen* wurde eine Kamera installiert. *Mai–Mitte Okt. tgl. 9–17 Uhr*

BÜDNEREI LEHSTEN   [110 B5]

Im Dorf Lehsten, 15 km von Waren, wird in der alten, hergerichteten Büdnerei „Kultur in der Bude" geboten. **Insider Tipp** Künstlerische Workshops, Malkurse, Natursafaris, am Wochenende Veranstaltungen im kleinen Hoftheater. Gemütlichkeit strahlt das kleine Café aus. Auch 16 Zimmer und neun

Ferienwohnungen. *Friedrich-Griese-Str. 30–33 | Lehsten | Tel. 039928/56 39 | Fax 870 21 | www.buednerei-lehsten.de | €*

MÜRITZ-NATIONAL-PARK ★   [115 F1–2, 116 A–B 1–3]

Seeadler, Fischadler, Schwarzstörche und andere seltene Vögel lassen sich im Müritz-Nationalpark beobachten. Deshalb sollten Sie nicht vergessen, ein Fernglas mitzunehmen. In der zweiten Oktoberhälfte rasten neben Grau- und Blässgänsen mehrere Tausend Kraniche in diesem Gebiet. Die Wanderwege haben eine Gesamtlänge von rund 400 km, das Radwegenetz ist fast 200 km lang. *Nationalparkamt Müritz | Tel. 039824/25 20 | www.nationalpark-mueritz.de*

ULRICHSHUSEN   [109 E5]

Ein zur Ruine verkommenes Renaissanceschloss, 15 km von Waren entfernt, wurde wieder aufgebaut und zum *Hotel Schloss Ulrichshusen (53 Zi., 10 Fewo €€–€€€)*. Der ehemalige Pferdestall nahm das Restaurant-Café *Am Burggraben (tgl. | €)* auf, die Scheune verwandelte sich in einen *Konzertsaal* für 1200 Besucher. *Tel. 039953/79 00 | Fax 790 99 | www.gut-ulrichshusen.de*

WISENTGEHEGE DAMEROWER WERDER   [109 E6]

Etwa 30 Wisente leben auf der Halbinsel Damerower Werder zwischen dem Jabelschen See und dem Kölpinsee, 9 km von Waren. In einem der Schaugatter können Sie stets einen Teil der Herde von einer Tribüne aus beobachten *(Fütterungen tgl. 10 u. 15 Uhr, die Zufahrt ist ausgeschildert)*.

Wenn der Abend kommt, wird es still im Müritzer Segelrevier

> EUROPAS ÄLTESTE EICHEN INMITTEN VERTRÄUMTER DÖRFER

Auf Alleen mit Buckelpflaster in aller Ruhe
das hügelige Land durchstreifen

> Landschaften so schön wie früher" ver-
künden die Prospekte des regionalen Tourismusverbandes. Wer das bezweifelt, sollte
auf den ☀ 96 m hohen Röthelberg bei
Burg Schlitz steigen, von dem der Blick
weit über das hügelige Land schweift.
Drei Seen hat die Mecklenburgische
Schweiz vorzuweisen, tausendjährige
Eichen in Ivenack und verträumte
Dörfer, zu denen kopfsteingepflasterte Alleen führen. An manchen Stellen
wurde die Landschaft zum Naturpark

erklärt, so zwischen Demmin, Teterow und Malchin, an anderen wurde
Natur zu Parks gestaltet, in Basedow,
Remplin und Burg Schlitz, wo 1811
der spätere Herzog Georg II. erstmals
von der Mecklenburgischen Schweiz
sprach. Leider vergaß er zu sagen,
wo er sich den Anfang und wo das
Ende vorstellte. Und so bleibt es
jedem selbst überlassen, sich seine
eigene Schweiz in Mecklenburg ab-
zustecken.

Bild: Eichen in Ivenack

MECKLEN BURGISCHE SCHWEIZ

DARGUN

[110 A2] **Das Städtchen (3800 Ew.) mit einem neogotischen Rathaus und einem rohrgedeckten niederdeutschen Hallenhaus am westlichen Ortsausgang ist rasch durchlaufen.** An der Hauptstraße, die wiederholt Blicke auf den Haussee bietet, weist nahe der Kloster- und Schlossanlage ein Schild zur *Personen- und Fahrradfähre (Mai– Aug. tgl. 8–20 Uhr, Sept., Okt. tgl.* *10–18 Uhr)* in das 6,5 km entfernte *Aalpude.* Wer mit dem Aalpuder Fährboot übersetzt, weil hier keine Brücke über die Peene führt, überschreitet eine Grenze, die von Mecklenburg nach Vorpommern.

■ SEHENSWERTES ■

KLOSTER- UND SCHLOSSANLAGE

Ein Großfeuer vernichtete 1945 das aus einem Kloster hervorgegangene vierflügelige Renaissanceschloss und

Ungewöhnlicher Verkehrshinweis – auch auf die Beschaulichkeit der Region

■ ESSEN & TRINKEN ■

DEUTSCHES HAUS

Mecklenburgische Küche, im Sommer großer Biergarten. *Tgl.* | *Schlossstr. 50* | *Tel. 039959/208 95* | €€

■ ÜBERNACHTEN ■

HOTEL AM KLOSTERSEE

Familiär geführtes Haus mit Restaurant, 26 Zimmern und 5 vor allem bei Familien beliebten Bungalows; Wohnmobilübernachtung auf dem Hotelgelände ist möglich. *Am Klosterdamm* | *Tel. 039959/25 20* | *Fax 252 28* | *www.klostersee-hotel.de* | €

■ AUSKUNFT ■

STADTINFORMATION

Kloster- und Schlossanlage | *Dargun* | *Tel. 039959/223 81* | *www.dargun.de*

■ ZIEL IN DER UMGEBUNG ■

NATURPARK-DRAISINE [110 A2–3]

Auf dem stillgelegten 17 km langen Bahngleis von *Dargun* über Neukalen nach *Salem* rollen Draisinen. Die Strecke führt durch abwechslungsreiches Hügelland mit schattigen Wäldern und Wiesen, über denen Fisch- und Seeadler kreisen. *Ausleihe Mitte April–Mitte Okt. tgl. 9–11 Uhr am Bahnhof Dargun, Rückgabe 14–18 Uhr* | *Tel. 039959/278 04* | *www. naturpark-draisine.de*

die Klosterkirche, die aber selbst als Ruine noch beeindrucken. Im Mittelteil der Ruine wird eine Ausstellung zur Kloster- und Schlossgeschichte gezeigt. *Mitte Mai–Sept. Di–Fr 10–12 und 13–17, Sa, So 13.30–16.30 Uhr, Okt.–Mitte Mai Mo–Do 10–12 und 13–16, Fr 10–12 Uhr*

UNS LÜTT MUSEUM

Ein Museum zum Anfassen, in der Schmiede dürfen Sie den Hammer schwingen, in der Stellmacherei auf der alten Zugbank Holz bearbeiten. *April–Okt. Sa u. So 13.30–16.30 Uhr, in den Sommerferien auch Mi u. Do 13.30–16.30 Uhr* | *in der Kloster- und Schlossanlage*

DEMMIN

[110 B1] Werden die Demminer nach der Lage ihrer Stadt (13500 Ew.) gefragt, antworten sie gern: im „Dreistromland". Das vorpommersche Demmin entstand an der Mündung von Tollense und Trebel in die Peene und war stets

NBURGISCHE SCHWEIZ

Grenzstadt zu Mecklenburg. Als einstige Hansestadt (1283–1607) kam Demmin zu Wohlstand, doch viel Historisches ist nicht mehr zu sehen. Im Zweiten Weltkrieg wurde das Zentrum der Altstadt zu 80 Prozent zerstört. Wieder aufgebaut wurde das *Rathaus*. Von der Stadtbefestigung steht noch das *Luisentor* aus dem 15. Jh. An die großen Zeiten der Stadt als ein Zentrum des Getreideumschlags erinnert am Peeneufer ein *Speicherensemble*. Demmin ist ein idealer Ausgangspunkt für Wanderungen, zum Beispiel in Richtung Loitz oder Sarow.

■ SEHENSWERTES ■

HANSEVIERTEL
Gebäude und Szenen aus der Zeit des späten Mittelalters sind auf der *Fischerinsel* entstanden. Vorgestellt werden damalige Handwerkstechniken und Lebensgewohnheiten. *Mai– Okt. tgl. 10–17 Uhr*

KIRCHE ST. BARTHOLOMAEI
Die spätgotische, dreischiffige Backsteinhalle stammt aus dem 14. Jh. Die reich gegliederte Turmspitze, die den 95,8 m hohen Westturm seit 1857 ziert, ist in ihrer Art einmalig in Mecklenburg-Vorpommern. *Schulstraße*

■ ESSEN & TRINKEN ■

DEMMINER MÜHLE
Diese Achtständerturmwindmühle wurde nach ihrer Pensionierung Restaurant. *Tgl.* | *An der Mühle 3* | *Tel. 03998/43 13 95* | *www.demminer-muehle.de* | €– €€

ZUM SPEICHER
Gemütliches Restaurant im alten Speicher an der Peene. *Tgl.* | *Am Hanseufer 1* | *Tel. 03998/43 39 91* | *www.zum-speicher.de* | €€

■ ÜBERNACHTEN ■

TREBELTAL
Familienfreundliches Hotel am nördlichen Stadtrand mit Blick über das Trebeltal. *42 Zi.* | *Klänhammerweg 3* | *Tel. 03998/25 10* | *Fax 25 12 51* | *www.hotel-trebeltal.m-vp.de* | €€

■ FREIZEIT & SPORT ■

Naturerlebnisbad Biberburg (Mai– Sept. | *Nordsackgasse); Tennis & Squash Center (Klänhammerweg 3a). Schiffs(rund)fahrten* auf dem Kummerower See und auf der Peene.

■ AUSKUNFT ■

STADTINFORMATION
Am Bahnhof | *Demmin* | *Tel. 03998/ 22 50 77* | *www.demmin.de*

MARCO POLO HIGHLIGHTS

★ **Basedow**
Ein imposantes Schloss, eine zauberhaft klingende Orgel und noch viel mehr im alten Schafstall der Gräfin (Seite 64)

★ **Fritz-Reuter-Literaturmuseum**
Wissenswertes über Mecklenburgs großen Nationaldichter (Seite 66)

★ **Ivenack**
Die Eichen im Wildgehege gelten als die ältesten Europas (Seite 66)

★ **Burg Schlitz**
Landschaftspark mit über 40 Denkmalen und Steinsetzungen aus rohen und behauenen Findlingen (Seite 69)

MALCHIN

[109 F3] **In den letzten Tagen des Zweiten Weltkrieges wurden zwei Drittel der Innenstadt zerstört, die Wunden sind noch an vielen Stellen zu erkennen.** Malchin (8600 Ew.) blieb bis heute ein behäbiges Landstädtchen, in das die Urlauber der Umgebung zum Einkaufen fahren. Um keine falschen Vorstellungen aufkommen zu lassen: Die kleine Geschäftsstraße ist in höchstens 20 Minuten durchlaufen. Sie beginnt beim Rathaus, das aber nicht jenes ist, in dem 1916 zum letzten Mal der mecklenburgische Landtag zusammentrat. Das brannte nämlich 1925 ab. Der Nachfolgebau ist zwar ganz ansehnlich, hat aber natürlich keine Geschichte. Das *Kalensche Tor* im Norden und das *Steintor* im Süden, beide mit hübschen Spitzbogenblenden, markieren die Grenzen der Altstadt. Zu groß für die Kleinstadt scheint die *Backsteinbasilika St. Maria und St. Johannis* geraten zu sein.

>LOW BUDGET

> Die *Parks* in Basedow und Remplin, den von Burg Schlitz sowie den der Kloster- und Schlossanlage Dargun können Sie durchstreifen, ohne Eintritt zu zahlen.

> Zum Preis von 12,40 Euro inklusive Frühstück wohnen junge Leute von Nov. bis März (Weihnachten, Silvester ausgenommen) im *Kinder- und Jugendhotel Verchen* am Kummerower See mit Discokeller und Freizeiträumen. *Kirchstr. 16a | Tel. 039994/ 79 30 | Fax 793 10 | www.freizeit spass-verchen.de*

■ ESSEN & TRINKEN ■

MOORBAUER

Sie verlassen Malchin hinter dem Bahnhof auf dem Piseder Damm, nach etwa 4 km weist rechter Hand in *Gorschendorf* ein Schild zur schlichten Gaststätte *Moorbauer*. Am Parkplatz hängt die Speisekarte (gutbürgerliche Küche), von dort sind es 100 m durchs Moor. Wo das Wasser den weiteren Weg versperrt, befindet sich eine Klingel. Wenn Sie diese drücken, werden Sie kurz darauf  mit dem Boot abgeholt. *Mai–Okt., Mo geschl. | Tel. 03994/22 24 61 | www.moorbauer.de | €–€€*

■ ÜBERNACHTEN ■

HOTEL MARKUS

Kleines, liebenswertes Hotel in der Stadtmitte. *17 Zi. | Am Markt 13 | Tel. 03994/238 90 | Fax 23 89 23 | www. hotel-marcus.de | €*

JÄGERHOF

Idyllisch mitten in der Natur, zwischen Wald, Wiesen und Seen. *27 Zi. | Jägerhof 1 | Tel. 03994/299 60 | Fax 299 61 26 | www.jaegerhof-malchin. de | €*

■ AUSKUNFT ■

STADTINFORMATION

Markt 1 | in der Sakristei der St.-Johanniskirche | Malchin | Tel. 03994/ 64 01 11 | www.malchin.de

■ ZIELE IN DER UMGEBUNG ■

BASEDOW ★   [109 F4]

Sanft geschwungene Wege führen durch den gepflegten Schlosspark, der zu den bedeutenden Schöpfungen Peter Joseph Lennés gehört. Das *Schloss* ist eine vom 16. bis zum 19.

Jh. entstandene imposante Dreiflügel-anlage.

Gegenüber, im von April bis Oktober täglich geöffneten *Alten Schafstall* bei Anette Gräfin Hahn von Burgsdorff, sind die Tische mit Leinentüchern eingedeckt, es gibt Eintopf und viele Mitbringsel zu kaufen, vom Honig über Töpferwaren bis hin zu derben Wollsachen *(Tel. 039957/ 204 54 | www.alter-schafstall-base dow.de).* In der *Kirche* ist ein Altaraufsatz aus Sandstein und Marmor sehenswert. Die barocke Orgel von 1680 gehört zu den besonders klangvollen in der Region; die Konzerte hier sind ein Ohrenschmaus. Den 34 m hohen *Funkpeilturm* nahe der Ortseinfahrt dürfen Sie besteigen. Von Malchin sind es 10 km bis Basedow.

ERLEBNISRESTAURANT
ZUM FISCHER FRITZ   [110 A5]

Was morgens gefangen wird, befindet sich mittags bereits in der Pfanne. Der eigene Fang der Fischerei Schliemann in *Faulenrost,* 12 km südlich von Malchin, garantiert Frische. Tischreservierung am Wochenende empfehlenswert. *Tgl. | Tel. 039951/21 35 | www.welshof-schlie mann.de | €€*

REMPLIN   [109 F3]

Der barocke Schlosspark mit sieben Lindenalleen ist ein gartenbauliches Prunkstück. Das Schloss, 6 km von Malchin entfernt, gehörte zu Mecklenburgs Prachtbauten; es brannte bis auf den Nordflügel im April 1940 ab. Am Ende des Schlossparks steht das älteste erhaltene Sternwartengebäude in Mecklenburg-Vorpommern. Ab

1802 betrieb hier Schlossbesitzer Friedrich II. von Hahn astronomische Studien.

Malchins mächtige Basilika dominiert das verträumte Städtchen

STAVENHAGEN

[110 A–B4] Mecklenburgs Nationaldichter Fritz Reuter ist in der Stadt (7100 Ew.) allgegenwärtig. Nicht nur durch Museum und Denkmal. An den Häusern, in denen der Dichter Vorlagen für seine Personen fand, sind in Niederdeutsch Informationstafeln angebracht. Vom Markt führt eine Kastanienallee zum Barockschloss, das in Reuters plattdeutscher Erzählung „Ut de Franzosentid" der Hauptschauplatz ist. Am Ortsausgang der B 104 in Richtung Neubrandenburg steht die berühmte *Reuter-Eiche*. Der Überlieferung nach hat Reuter sie zur Erinnerung an seine Eltern gepflanzt. Aus ihrem Laub flocht man 1874 den Kranz, den Stavenhagener Bürger dem gestorbenen Dichter in Eisenach auf den Sarg legten. Seit 1949 darf sich Stavenhagen offiziell „Reuterstadt" nennen.

◼ SEHENSWERTES

FRITZ-REUTER-LITERATURMUSEUM ⭐
Im Rathaus kam Mecklenburgs Nationaldichter 1810 zur Welt. Der Vater war Bürgermeister, was den Geburtsort erklärt. Das gesamte Rathaus wurde Reuter-Literaturmuseum mit niederdeutscher Bibliothek und der Ausstellung „Franzosenzeit in Mecklenburg". *Mo–Fr 9–17, Do 9–20, Sa u. So 10–17 Uhr | Markt 1 | www.fritz-reuter-literaturmuseum.de*

◼ ESSEN & TRINKEN

CAFÉ AM MARKT 🔊
Mecklenburgische Spezialitäten, Wild- und Fischgerichte. Schöne Terrasse. *Tgl. | Malchiner Str. 9 | Tel. 039954/222 41 | www.cafe-am-markt.m-vp.de | €*

UNS KAUHSTALL
Beliebter Gasthof. *Tgl. | Dorfstr. 4 | Ortsteil Klockow | Richtung Ivenack | Tel. 039954/210 48 | www.uns-kauhstall.de | €*

◼ ÜBERNACHTEN

KUTZBACH
Mitten im Stadtzentrum, nur wenige Schritte von Markt und Reuter-Museum entfernt. *15 Zi. | Malchiner Str. 2 | Tel. 039954/210 96 | Fax 308 38 | www.hotel-stavenhagen.de | €*

SCHLOSS-HOTEL KITTENDORF
In Kittendorf, 8 km südlich von Stavenhagen, liegt dieses Kleinod in der reichen Schlösserlandschaft mit feinen Antiquitäten, dem *Classic-Restaurant (€€€)* und einem atemberaubend schönen Landschaftspark. *37 Zi. | Tel. 039955/500 | Fax 501 40 | www.schloss-kittendorf.de | €€€*

◼ AM ABEND

TANKHAUS ▶▶
Hier erlebt der Rock 'n' Roll seine Auferstehung. Bis zu 1000 Tanzwütige aus nah und fern treffen sich freitags und samstags ab 21 Uhr zu Rock und Pop. *Schultetusstr. 47b | www.tankhaus.de*

◼ AUSKUNFT

TOURIST-INFORMATION
Markt 1 | Reuterstadt Stavenhagen | Tel. 039954/27 98 35 | www.stavenhagen.de

◼ ZIEL IN DER UMGEBUNG

IVENACK ⭐ [110 B4]
Berühmt sind die tausend Jahre alten Eichen im Wildgehege. Sie gelten als die ältesten Europas. Fritz Reuter

meinte, es sei ein „Baumwuchs, wie er in Deutschland nicht ein zweites Mal gefunden werden dürfte". Der stärkste Baum hat eine Höhe von 35,5 m bei einem Stammumfang von 10,99 m, mit 1200 Jahren ist der Riese älter als Mecklenburg, das 2005 seinen 1010. Geburtstag feierte. Im Barockpavillon wird eine inter-

TETEROW

[109 E3] Die Altstadt erstreckt sich zwischen dem Rostocker Tor im Nordwesten und dem Malchiner Tor im Südosten. Dazwischen liegt der rechteckige Marktplatz mit dem 1914 enthüllten *Hechtbrunnen* als Wahrzeichen. In bequem 20 Minuten lässt sich das

Fritz Reuter begegnet man in Stavenhagen überall – nicht nur in Bronze

aktive Ausstellung gezeigt, die die Besucher auf eine Reise durch die Lebenszeit der Eichen entführt *(Mai–Okt. Mo–Fr 9–18 Uhr, Sa, So ab 10 Uhr | www.ivenacker-eichen.de)*. Die 140 Tiere des Damwildrudels sorgen für niedriges Unterholz *(Fütterung Mo–Fr 14, Sa, So 10–11 Uhr)*. Die Zufahrt im 6 km von Stavenhagen entfernten Ort ist ausgeschildert, der Zutritt ständig möglich.

kreisrunde alte Teterow erkunden, immer die Ringstraße entlang, die dort verläuft, wo einst die Stadtmauer stand. Teterow ist ein Städtchen (10000 Ew.), das man als Gast einfach lieb gewinnen muss, das aber wohl kaum einer kennen würde, gäbe es nicht das internationale Teterower Bergringrennen für Motorräder. Seit 1930 wird es zu Pfingsten auf Europas angeblich schönster Grasrenn-

bahn (1877 m lang) ausgetragen. Ein empfehlenswertes Ausflugsziel ist der schilfumgürtete *Teterower See* mit der Burgwallinsel in seiner Mitte vor den Toren der Stadt.

■ SEHENSWERTES ■

BURGWALLINSEL

Die einstige slawische Siedlungsstätte wurde ein beliebtes Ausflugsziel mit Abenteuerspielplatz, Naturbadestrand, Segelschule sowie dem Hotel-Restaurant *Burgwallinsel Teterow (6 Zi. | Tel. 03996/157 79 81 | Ostern–Mitte Okt. tgl., sonst nur Sa u. So | €€)*. Man erreicht die Insel mit der Fähre oder der Barkasse „Regulus" ab den Badestellen Teterow und Teschow.

BERGRING- UND EISENBAHNMUSEUM

Insider Tipp Eine Museum für Technik-Freaks: Neben einer schönen Sammlung von Motorrad-Oldtimern wird auf großen Tafeln über die Geschichte der Teterower Grasrennbahn sowie über die Eisenbahngeschichte der Region informiert. *Di–Fr 10–12 u. 13–17 Uhr, Sa, So 14–17 Uhr | Am Schulkamp 2*

■ ESSEN & TRINKEN ■

GASTHAUS STADTMÜHLE

In der restaurierten Wassermühle kommt landestypische Küche auf den Tisch. *Tgl. | Mühlenstr. 1 | Tel. 03996/15 23 00 | www.stadtmuehle-teterow.de | €– €€*

SUKHOTHAI

Thailändische Spezialitätenköche kochen und servieren originale Küche ihrer Heimat. *Tgl. | Teschow | (im Golf- und Wellnesshotel Schloss Teschow, 3 km von Teterow entfernt) | Tel. 03996/14 00 | €€€*

■ ÜBERNACHTEN ■

BLÜCHER

Kleines, familienfreundliches Dreisternehotel. *17 Zi. | Warener Str. 50–52 | Tel. 03996/157 80 | Fax 15 78 29 | www.hotel-bluecher.de | €*

GOLF- UND WELLNESSHOTEL SCHLOSS TESCHOW

Schlafen in einem Schloss wie früher die Gräfin und der Graf. Mehrere Restaurants. Spa- und Wellness auf 1400 m², 9-Loch-Akademie- und 18-

> TRABANT FAHREN
Mit dem DDR-Kultauto durch Mecklenburg

Der knatternde, stinkende DDR-Zweitakter mit seiner Plastikkarosserie wurde geliebt, beschimpft und belächelt. Asphaltblase, Rennpappe, Gehhilfe waren einige der Kosenamen, mit denen DDR-Bürger ihr PS-schwaches, aber unverwüstliches Fortbewegungsmittel bedachten. In der Mecklenburgischen Seenplatte knattern wieder Trabis über die Straßen, ausgeliehen für einige Stunden oder für einen ganzen Tag. Vor allem natürlich junge Leute unternehmen als Feriengag eine Spritztour. Angeboten (auch im Trabi Cabrio!) werden auch Erlebnistouren, so führt eine Tour beispielsweise nach Teterow in die Mecklenburgische Schweiz. *Trabi Trip | Liepener Str. 4 | Hohen Wangelin | Tel. 039933/73869 | www.trabitrip.de*

Loch-Meisterschafts-Golfplatz. *120 Zi. u. Suiten | Teschow | 3 km von Teterow | Tel. 03996/14 00 | Fax 14 01 00 | www.schloss-teschow.de | €€€*

12 70 70 | www.burg-schlitz.de | €€€). Verwöhnt werden die Gäste tagsüber in der *Brasserie Louise (tgl. | €€)* und abends im Gourmetrestaurant *Rittersaal (Mo geschl. | €€€).*

Haute Cuisine in hohen Hallen: das Restaurant „Rittersaal" in Burg Schlitz

◼ AUSKUNFT ◼

TOURIST-INFORMATION
Markt 9 | Teterow | Tel. 03996/ 17 20 28 | www.teterow.m-vp.de

◼ ZIELE IN DER UMGEBUNG ◼

BURG SCHLITZ ⭐   [109 E4]
36 Denkmale und Steinsetzungen aus behauenen und rohen Findlingen verstecken sich in dem 8 km² großen Landschaftspark von Burg Schlitz in Hohen Demzin. Das klassizistische Schloss von 1823 beherbergt ein luxuriöses Hotel *(20 Zi. | Hohen Demzin | Tel. 03996/127 00 | Fax*

THÜNEN-MUSEUM TELLOW   [109 E2]
Für Familien mit Kindern ein beliebtes Ausflugsziel. Am Dorfteich schnattern Gänse; Schafe, Ziegen und Hühner laufen frei herum, auf Freiflächen stehen schon lange nicht mehr benutzte landwirtschaftliche Geräte. Das Museum ist täglich offen *(Mai–Sept. 9–17 Uhr, Okt.–April 9–16 Uhr | www.thuenen-museum-tellow.m-vp.de).* Der Duft von frischem Brot und Kuchen lockt in das Café, regionale Produkte wie Honig, Marmeladen, Wurst, Keramik gibt es im *Gutsmarkt (Tel. 039976/541 22).*

Insider Tipp

> DURCH VIER TORE ZU SIEBEN BERGEN

Wiekhäuser, trutzige Burgen und eine malerische, hügelige Landschaft

> Ein Bummel entlang der alten Stadt-mauer Neubrandenburgs gehört zu den Höhepunkten, die die Stadt zu bieten hat. Während Mitte des 19. Jhs. die be-deutungslos gewordenen Stadtbefes-tigungen vielfach abgerissen wurden, beschloss der Neubrandenburger Stadtrat 1843, sie wieder herzustellen. Allerdings waren dafür nicht histori-sche oder baukünstlerische Gesichts-punkte ausschlaggebend, sondern praktische: So konnte kontrolliert werden, wer in die Stadt kam. Noch jahrzehntelang wurden die Stadttore abends verschlossen, um unliebsame Besucher fernzuhalten. Verlässt man die Stadt durch eins der vier Back-steintore, breitet sich eine hügelige Landschaft aus, in der malerisch ein-gebettet der Tollensesee liegt. 10 km zieht er sich in Richtung Süden, von seinem Ufer bieten sich immer wieder neue Bilder: Angler, die auf Stegen hocken, Jollen, deren weiße Segel der

Bild: Stadtmauer in Neubrandenburg

UM DEN TOLLENSESEE

Wind bläht, Rehe, die am Waldrand äsen. Von früher Besiedlung in dieser Gegend künden die Burgen von Penzlin und Stargard.

BURG STARGARD

[111 D6] **Der Blick, der sich vom Berg-fried der Burg bietet, überrascht in dem sonst so flachen Mecklenburg:** Die zahl-reichen Erhebungen mit bewaldeten Hängen erinnern an Ausläufer eines Mittelgebirges. Die Einwohner von Burg Stargard (4000 Ew.) vergleichen ihr Städtchen gern ein wenig groß-spurig mit Rom: „Auch wir wurden auf sieben Hügeln erbaut."

■ SEHENSWERTES ■

BURG
Mit 700 Jahren ist Mecklenburgs größte Burganlage das älteste welt-

liche Bauwerk des Bundeslandes. In den letzten Jahren wurde sie umfangreich restauriert. ☘ Vom 37 m hohen Bergfried bietet sich ein schöner Ausblick auf das hügelige Land.

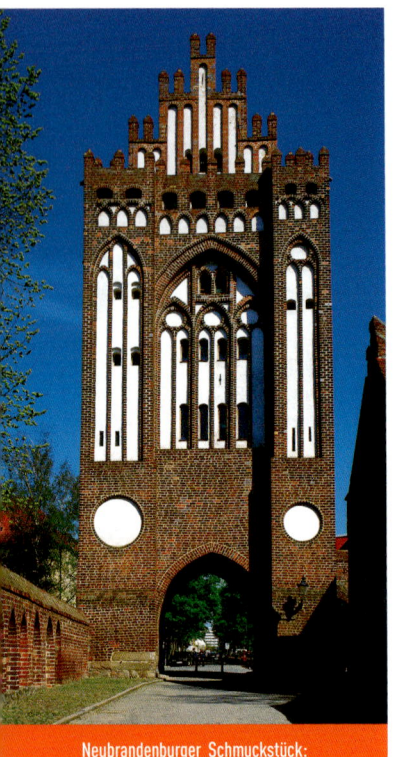

Neubrandenburger Schmuckstück: das aus Backstein gefügte Treptower Tor

BURGMUSEUM

Im ehemaligen Marstall der Burg eingerichtet, zeigt das Museum viel Interessantes über Handwerk und Ackerbau. *Mai–Sept. Di–So 10–17 Uhr; Okt.–April Di–Do 10–16, Sa u. So 13–16 Uhr*

MARIE-HAGER-HAUS

Im Wohn- und Arbeitshaus von Marie Hager (1872–1947), einer führenden Vertreterin der Stargarder Malerschule (1890–1920), können Sie Arbeiten der Landschafts- und Architekturmalerin betrachten. *Di–So 13–16 Uhr | Dewitzer Chaussee 17*

ESSEN & TRINKEN ÜBERNACHTEN

BURGGASTHOF ZUR ALTEN MÜNZE

In diesem historischen Gemäuer wird Erlebnisgastronomie – eine Zeitreise ins Mittelalter – geboten. Wer vom Gelage erschöpft ist, kann nebenan in einem der 24 Hotelzimmer in die Kissen sinken. *Tel. 039603/27 00 | www.hotel-burggasthof-zuraltenmuenze.de | €– €€*

HOTEL BORNMÜHLE ☽

In idyllischer Hanglage oberhalb des Tollensesees gelegen, 9 km von Burg Stargard entfernt. Das Hotel mit einem Schwimmbad und dem Feinschmecker-Restaurant *Lisette (€€€)*, in dem man gehobene regionale Küche mit mediterranen Einschlag serviert, stellt auch anspruchsvolle Gäste zufrieden. *66 Zi. | Groß Nemerow | Tel. 039605/600 | Fax 603 99 | www.bornmuehle.com | €€*

ZUR BURG ☽

Modern-gemütliches Hotel in zentraler Lage. *24 Zi. | Markt 10 | Tel. 039603/26 50 | Fax 265 55 | www.hotel-zur-burg.com | €*

AUSKUNFT

TOURIST-INFORMATION

Am Markt 3 | Burg Stargard | Tel. 039603/20895 | www.burg-stargard.de

> *www.marcopolo.de/mecklenburgseen*

UM DEN TOLLENSESEE

NEUBRANDEN-BURG

 KARTE IN DER HINTEREN UMSCHLAGKLAPPE

[111 D5–6] „Stadt der vier Tore" wird Neubrandenburg (69 000 Ew.) genannt, das die am besten erhaltene mittelalterliche Befestigung auf dem Gebiet des Backsteinbaus vorweisen kann. Ihre vier Tore sind die Wahrzeichen der Stadt. Die Befestigung umgürtet den kreisrunden Stadtkern von 700 m Durchmesser, in dem aber nur noch wenig Historisches steht, denn die Innenstadt wurde im Zweiten Weltkrieg fast vollständig zerstört. In den letzten Jahrzehnten wuchs die Stadt, in der Fritz Reuter seine schaffensreichste Zeit verbrachte, die Hügel hinauf.

■ SEHENSWERTES ■

BRIGITTE-REIMANN-LITERATURHAUS

Im ehemaligen Wohnhaus von Brigitte Reimann (1933–1973) sind Dokumente und persönliche Gegenstände zu sehen. Vor allem mit dem Fragment gebliebenen und posthum veröffentlichten Roman „Franziska Linkerhand", den sie bereits schwer krank schrieb, wurde sie bekannt. *Di 10–12 u. 13–18, Mi 10–12 u. 13–16 Uhr, 1. Sa/Monat 10–16 Uhr | Gartenstr. 6 | www.literaturzentrum-nb.de*

KUNSTSAMMLUNG NEUBRANDENBURG

In einem Fachwerkgebäude aus dem 18. Jh., das einen modernen Anbau bekommen hat, wird zeitgenössische deutsche Kunst gezeigt. *Di–So 10–17 Uhr | Große Wollweberstr. 24 | www. kunstsammlung-neubrandenburg.de*

MARIENKIRCHE

Eine der schönsten gotischen Backsteinkirchen Norddeutschlands, die 1298 geweihte St.-Marien-Kirche, wurde zu einem modernen Konzertsaal und Domizil der Neubrandenburger Philharmonie. *Stargarder Str. | www.konzertkirche-nb.de*

MODELLPARK MECKLENBURGISCHE SEENPLATTE

Etwa 100 historische Gebäude der Region sind in der 1,4 ha großen Parkanlage im Miniaturformat zu sehen. Eine Modelleisenbahn verbindet „originale" Bahnhöfe. *April–Okt. tgl. 9.30–19.30 Uhr; Nov.–März tgl. 9.30–18 Uhr | Wilhelm-Külz-Str. 38 | www.modellpark.de*

STADTBEFESTIGUNG

Die 2,3 km lange Feldsteinmauer – Baubeginn um 1300 – hat meist noch die ursprüngliche Höhe von bis zu 7,5 m. Im Abstand von etwa 30 m waren 56 Kampfhäuser in die Mauer eingefügt, *Wiekhäuser* genannt. 27

MARCO POLO HIGHLIGHTS

★ **Modellpark Mecklenburgische Seenplatte**
Zu Fuß durch das liebevoll nachgebaute Zentrum von Mecklenburg-Vorpommern laufen – wie Gulliver durch Liliput (Seite 73)

★ **Stadtbefestigung**
Die Mauer mit ihren Wiekhäusern und Toren prägt Neubrandenburg (Seite 73)

★ **Hexenkeller**
Erinnerung an das Mittelalter (Seite 75)

davon wurden bisher rekonstruiert. Besonders eindrucksvoll sind die vier im 14./15. Jh. errichteten herrlichen *Stadttore* mit ihrem reichen Fassadenschmuck sowie der zinnengekrönte *Fangelturm*.

■ ESSEN & TRINKEN ■

GASTHAUS ZUR LOHMÜHLE
Viele Aufläufe und Gratins. Köstlich das Hirschsteak mit Kirsch-Pfeffersoße. *Tgl., So nur mittags | Stargarder Tor 4 | Tel. 0395/544 28 43 |* www.loh muehle-gasthaus.de *|* €€

WIEKHAUS 45
Leider hat dieses Restaurant in einem der alten Wiekhäuser viel zu wenig Platz. Daher sollten Sie reservieren. *Mo geschl. | 4. Ringstr. 44 | Tel. 0395/ 566 77 62 |* www.wiekhaus.de *|* €€

■ EINKAUFEN ■

In Neubrandenburgs Innenstadt gibt es eine ganze Reihe von Geschäften, besonders beliebt zum Einkaufen ist das *Marktplatz-Center* mit mehr als 80 Läden.

■ ÜBERNACHTEN ■

HOTEL AM RING 📶
Gutes Preis-Leistungs-Verhältnis. Am Rand der Altstadt. Sauna, Solarium. *145 Zi. | Große Krauthöfer Str. 1 | Tel. 0395/55 60 | Fax 556 26 82 |* www.ho tel-am-ring.de *|* €€

RADISSON BLU HOTEL NEUBRANDENBURG 📶
Mittelklassehotel, in der Mitte der Altstadt gelegen mit 190 klimatisierten Zimmern. *Treptower Str. 1 | Tel. 0395/558 60 | Fax 558 66 25 |* www. neubrandenburg.radissonsas.com *|* €€–€€€

HOTEL WEINERT
Kleines Hotel garni am Innenstadtrand, besonders radlerfreundlich. Die Ferienwohnung im Wiekhaus Nr. 49

Radeln und paddeln: auch am und auf dem Tollensesee bevorzugte Beschäftigungen

in der historischen Stadtmauer ist etwas ganz Besonderes. *18 Zi. | Ziegelbergstr. 23 | Tel. 0395/58 12 30 | Fax 581 23 11 | www.hotel-weinert. de | €*

■ FREIZEIT & SPORT ■

Die *Wasserskiseilbahn (April Sa u. So 13–18, Mai tgl. 12–20, Juni–Aug. tgl. 10–23, Sept. tgl. 12–21 Uhr | Reitbahnweg 90 | www.wasserski-seilbahn.de)* ist ein extra spannendes und erfrischendes Vergnügen

Im Sommer verbindet das *Linienschiff* sechs Anlegestellen rund um den Tollensesee nach einem festen Fahrplan *(Tel. 0395/350 05 24).*

Wunderschön hergerichtet mit Strand, Liegewiese und Minigolf wurde das historische *Augustabad* am Ostufer. Tauchschule und Bootsverleih im *Wassersportcentrum (Augustastr. 7 | Tel. 0395/369 46 71 | www.tauchen-mv.de).*

■ AM ABEND ■

In der ▶▶ Diskothek *Colosseum (An der Hochstr. 4 | www.colosseum-disco.de)*, wird auf 2200 m² getanzt und geflirtet; immer dienstags ist Lady's Night. Das Programmkino *Latücht (Große Krauthöfer Str. 16 | www.latuecht.de)* zeigt an fünf Tagen in der Woche anspruchsvolle Filme, führt Gespräche mit Regisseuren und Schauspielern.

Wenn die *Neubrandenburger Philharmonie* in der Konzertkirche spielt, sollten Sie sich diesen Kunstgenuss nicht entgehen lassen. Im restaurierten historischen *Schauspielhaus* finden regelmäßig Theateraufführungen statt *(Pfaffenstr. 22 | www.theater-und-orchester.de).*

■ AUSKUNFT ■

STADTINFORMATION

Stargarder Str. 17 | Ecke Turmstraße | Neubrandenburg | Tel. 0395/194 33 | www.neubrandenburg-touristinfo.de

■ ZIELE IN DER UMGEBUNG ■

PENZLIN   [110 C6]

Von der 600 Jahre alten Stadtbefestigung – Feldsteinmauern und Wallanlagen – des 14 km südwestlich von Neubrandenburg gelegenen Ortes

> ## ▶ LOW BUDGET

> ▶ Im Filmpalast *Cine-Star* in Neubrandenburg ist Dienstag Kinotag mit dem supergünstigen Eintrittspreis von 4,50 Euro in allen Sälen. *Friedrich-Engels-Ring 55 | Tel. 0395/558 57 00 | www.cinestar.de*

> ▶ Sparen kann man mit der *Museumsmeilen-Karte* in vier Neubrandenburger Museen – im ersten, das man besucht, zahlt man 3 Euro, im nächsten 2 Euro und in den weiteren 1 Euro Eintritt. Die Card ist erhältlich in den beteiligten Museen; sie ist einen Monat gültig. *www.neubrandenburg.de*

(2600 Ew.) blieben große Teile erhalten. Zur Befestigung gehörte auch die im 13. Jh. erstmals erwähnte *Alte Burg*, in der sich das *Museum für Magie und Hexenverfolgung* befindet, zu dem als Sehenswürdigkeit der ★ *Hexenkeller* gehört, ein mittelalterliches Verlies, das das einzige seiner Art in Europa sein soll *(April Di–Fr 9–16, Sa, So 13–16, Mai–Okt. tgl. 10–18 Uhr). www.penzlin.de*

> # MEISTERWERK DER NATUR AUS BLAU UND GRÜN

Die ideale Landschaft zum Beeren- und Pilzesuchen
und für Schiffsrundfahrten auf klaren Gewässern

> Über 300 Seen, viele davon klein wie ein Dorfteich, hält die Natur zwischen Mirow, Neustrelitz und Feldberg bereit. Manch ein See ist eine regelrechte Perle in der grünen Natur, allen voran der Schmale Luzin bei Feldberg mit seinen steilen, bewaldeten Ufern.

Er ist einer der „Himmelsseen", so genannt, weil kein Fluss die acht Feldberger Hauptseen mit Wasser speist, sondern nur Niederschlag. Der Schriftsteller Hans Fallada, der

sich 1933 in diesem Meisterwerk der Natur niederließ, schwärmte: „Seen mit tiefstem klarstem Wasser, von einem bezaubernden Türkisgrün bis Azurblau." Das Neustrelitz-Feldberger Seengebiet ist eine ideale Landschaft für Wanderungen. Beeren- und Pilzsammler bezeichnen die ausgedehnten Mischwälder als wahre Fundgruben. Wer nicht gern zu Fuß auf Entdeckungstour geht und auch nicht gern allein sein möchte, kann

Bild: Feldberg und der Haussee

MIROW BIS FELDBERG

sich auf einem Fahrgastschiff über den Zierker See, den Mirower See oder den Feldberger Haussee schaukeln lassen, drei der großen Seen im einstigen Land Mecklenburg-Strelitz.

FELDBERG

[117 E3] Keiner hat bislang dem großen Pathologen Rudolf Virchow widersprochen, der Feldberg (2800 Ew.) als „eine der schönstgelegenen Sommerfrischen Norddeutschlands" bezeichnete. Feldberg ist von acht Seen umgeben: Der Schmale Luzin, der Lütten See, der Haussee und der Breite Luzin, mit 59 m der tiefste See in Mecklenburg-Vorpommern, bilden die „Oberen Seen", die Bäk verbindet sie mit dem tiefer liegenden Carwitzer See, dem Zansen, dem Wootzen und dem Dreetz.

Als Perle unter diesen Seen gilt der *Schmale Luzin*, der sich 7 km

lang durch eine Endmoräne zieht.
✹ Wunderschön ist der Blick auf
diesen See vom Steilufer beim Park-
platz. 105 Stufen führen hinunter zum
Ufer, von dem eine Seilfähre ans
andere Ufer übersetzt. Rufen Sie
laut: „Fährmann, hol över!", kommt
Fährmann Tom und holt Sie ab *(Mai,*

Insider Tipp

zen unter dem Pseudonym Hans
Fallada. In dem Landhaus, das der
Autor des Welterfolgs „Kleiner
Mann, was nun?" bis 1944 bewohnte,
wird über sein Leben und seine
Werke informiert. Zur „Carwitzer
Lesestunde" wird im Scheunensaal
aus den Werken des Schriftstellers

Insider Tip

Auf den Feldberger Seen findet jeder das für ihn passende Wasserfahrzeug

*Juni, Sept., Okt. Mo–Fr 10–17, Sa/So
9–18, Juli/Aug. Mo–Fr 10–18, Sa/So
9–19 | alle 30 Min. | www.luzinfaeh
re.de).* Einen tollen Blick auf Feldberg haben Sie vom 145 m hohen ✹
Reiherberg nördlich des Städtchens.

▧ SEHENSWERTES ▧
HANS-FALLADA-HAUS ★
1933 erwarb Rudolf Ditzen im Fi-
scherdorf *Carwitz* (6 km südlich) ein
Landhaus. Bekannt geworden ist Dit-

gelesen *(Mitte Mai–Mitte Sept. Fr 20
Uhr). April–Okt. Di–So 10–17, Nov.–
März Di–So 14–16 Uhr | www.
fallada.de*

WALDMUSEUM LÜTT HOLTHUS
Wissenswertes zum Wald. Ein be-
gehbarer Fuchsbau und noch sehr viel
mehr. *Mai–Sept. Di–So 10–18 Uhr,
Okt.–April Di–Sa 13–16 Uhr | Forst-
hof 2 | Lüttenhagen | www.luett-holt
hus.de*

MIROW BIS FELDBERG

■ ESSEN & TRINKEN ■

ALTE SCHULE FÜRSTENHAGEN

Kulinarische Erlebnisse, und zwar in den vormaligen Klassenzimmern der einstigen Dorfschule. *Mo, Di geschl. | Zur Alten Schule 5 | Fürstenhagen | Tel. 039831/220 23 | www.hotelalte schule.de | €€€*

FISCHERHÜTTE ZUM HECHT

Der Speisezettel in der rustikal eingerichteten Gaststätte wird von dem bestimmt, was Fischer Frank Krüger aus den umliegenden Seen holt. *Mai bis Sept. tgl., April–Okt. nur Fr–So | Jägerwörde 31 | Carwitz | Tel. 039831/211 54 | www.ferien-beimfischer.de | €–€€*

ZUM SCHWALBENNEST

Deftige, regionale Küche; nachmittags gibt es selbst gebackenen Kuchen. *Mo geschl. | Wittenhagen | Tel. 039831/204 72 | €*

■ ÜBERNACHTEN ■

ALTES ZOLLHAUS ≋

Reizvolles historisches, am Wasser liegendes Haus. Wer sich etwas Besonderes gönnen möchte, mietet die komfortable Turmsuite. Das Saunabadehaus hat direkten Seezugang. *30 Zi. | Am Erddamm 31 | Tel. 039831/ 500 | Fax 502 69 | www.romantik-amsee.de | €–€€*

DROSTENHAUS

Komfortable Apartments für 2–8 Personen in idealer Lage am See. *12 Apt. | Amtsplatz 4 | Tel. 039831/527 90 | Fax 527 99 | www.drostenhaus.de | €€–€€€*

HAUS SEENLAND

Fast alle der acht Wohnungen (33–65 m²) haben Balkon mit Blick zum Haussee. Besonders beliebt sind die drei Maisonettewohnungen. *Strelitzer Str. 4 | Feldberg | Tel. 039831/ 22 22 | Fax 222 33 | www.luzin.de | €*

■ FREIZEIT & SPORT ■

Das *Tauchcenter Feldberg* hat Schnupperkurse und Tauchausflüge im Angebot *(Strelitzer Str. 18 | www.tauchcenter-feldberg.de)*. Von Mai bis Sept. werden *Seenrundfahrten* (1,5 o. 2 Std.) durchgeführt. Der sehr aktive *Wasserskiclub Luzin (Amtsplatz 44 | www.best-of-wasserski.de)* organisiert im Sommer Schauveranstaltungen. Ein Erlebnis für Naturfreunde: im Ruder- oder Elektroboot den so schön gelegenen ★ *Schmalen Luzin* erleben. Für Motorboote sind sämtliche Feldberger Seen gesperrt.

MARCO POLO HIGHLIGHTS

★ **Hans-Fallada-Haus**
In Carwitz dem Autor von „Wolf unter Wölfen" ins Arbeitszimmer schauen (Seite 78)

★ **Touristenflöße**
Bei Lychen gleitet man wie in früheren Zeiten über den Oberpfuhlsee (Seite 80)

★ **Schloss Rheinsberg**
Hier lebte Friedrich der Große, als er noch Kronprinz war (Seite 82)

★ **Schmaler Luzin**
Vom Ruderboot aus die Stille und Schönheit dieses idyllischen Sees genießen (Seite 79)

MIROW

■ AUSKUNFT ■

TOURISTINFORMATION
Strelitzer Str. 42 | im Haus des Gastes | Feldberger Seenlandschaft (OT Feldberg) | Tel. 039831/27 00 | www. feldberger-seenlandschaft.de

■ ZIEL IN DER UMGEBUNG ■

LYCHEN [117 D4]
Bereits zum Bundesland Brandenburg gehört das 22 km von Feldberg entfernte 3400-Ew.-Städtchen, das sich „Stadt der Seen und Wälder" nennt. Das ist ganz und gar nicht hochgestapelt, denn allein drei Seen umgeben die Altstadt.

Unlängst erinnerte man sich an die jahrhundertealte Tradition der Flößerei und baute ★ *Touristenflöße*, die zu einstündigen Touren am Oberpfuhlsee starten. *Mai, Juni, Sept. Sa u. So 15 Uhr, Juli u. Aug. Mi–So 15 Uhr | Tel. 039888/433 77 | www.treib holz.com*

MIROW

[116 A4] **Seit dem vorigen Jahrhundert dürfte sich im Städtchen Mirow (4000 Ew.) nicht viel verändert haben – Straßen mit Buckelpflaster, niedrige Häuser, immer noch (auch für touristische Zwecke) Pferdefuhrwerke.** Warum aber haben sich hier schon im 13. Jh. Johanniter niedergelassen, warum wählten die Großherzöge von Mecklenburg-Strelitz den Ort zum Sommersitz? Weil die Landschaft um Mirow wunderschön ist. Die Stadt gilt als westliches Tor zum Kleinseengebiet, das sich bis Feldberg erstreckt.

Wer auf dem Müritz-Havel-Kanal zur Großseenlandschaft möchte, muss die *Mirower Schleuse* passieren. Diese mit großen Hubtoren ausgerüstete Schleuse am westlichen Stadtrand zieht stets Schaulustige an.

■ SEHENSWERTES ■

JOHANNITERKIRCHE
In der Gruft an der Nordseite des gotischen Backsteinbaus auf der Schlossinsel fanden alle Mitglieder des Herrscherhauses Mecklenburg-Strelitz ihre letzte Ruhestätte. Mumifiziert liegt hier auch Herzog Adolf Friedrich IV. Durch eine Glasscheibe kann man die Särge betrachten. Von der ☼ Aussichtsplattform des 41 m hohen Turms haben Sie einen weiten Blick. Eine der Turmetagen beherbergt das kleine *Johannitermuseum zu Mirow (Mai–Sept. tgl. 10–17 Uhr | www.johanniterkirche-mirow.de)*.

LIEBESINSEL
Eine vasengeschmückte Brücke führt von der Schlossinsel zur vorgelagerten Liebesinsel. Auf ihr ruht der letzte regierende Großherzog von Mecklenburg-Strelitz. Der damals 36-jährige

MIROW BIS FELDBERG

Adolf Friedrich VI. hatte sich im Februar 1918 in Mirow das Leben genommen. Die Motive sind bis heute nicht geklärt: Spionage oder Liebesaffäre?

■ ESSEN & TRINKEN ■

AN DER SEEPROMENADE

Einheimische Produkte bilden die Grundlage für die pfiffigen Kreationen des Küchenchefs. Vor allem kommt natürlich Fisch auf den Tisch. *Tgl. | Rudolf-Breitscheid-Str. 49 | im Hotel „An der Seepromenade" | Tel. 039833/28 20 | www.hotel seepromenade.de* | €€– €€€

STRANDRESTAURANT 🔊

Am Strandbad mit Blick auf den See. Frischer Fisch ist stets im Angebot. *Tgl. | Strandstr. 20 | Tel. 039833/ 220 19 | www.strandrestaurant.de* | €€

■ ÜBERNACHTEN ■

FERIENPARK MIROW

230 Ferienhäuser im skandinavischen Stil am See Granzower Möschen, 2 km nördlich von Mirow. Wer sich ein Haus mit Kamin, Garten plus Terrasse sowie eine eigene Sauna wünscht, der bucht den ==Haustyp „Wildgans"==. *Dorfstraße | Granzow | Tel. 039833/601 00 | Fax 601 10 | www.ferienpark-mirow.com* | €€€

==Insider Tipp==

HEIDEKRUG

Ruhige Lage, ein kleiner See, schöne Mischwälder – das Familienhotel 14 km südöstlich von Mirow mit Sauna, Solarium, Fitnessraum, Minigolf, Kinderspielplatz und Restaurant bietet (fast) alles für einen schönen Urlaub. *33 Zi. | Grünplan | Tel.*

Warten gehört bei einem Hausboot-Urlaub dazu: so wie hier in der Mirower Schleuse

039828/600 | Fax 202 66 | www. hotel-heidekrug-gruenplan.de | €€

■ FREIZEIT & SPORT ■

==Balancieren auf Stahlseilen== in luftiger Höhe! Den Nervenkitzel bietet der *Naturseilgarten Mirow*, auch zweistündige Schnupperkurse *(Mai–Okt. | bei der Kanustation Mirow | Tel. 039833/220 98).*

==Insider Tipp==

Kanus und Ruderboote vermietet die *Kanustation Mirow (An der Clön 1 | Tel. 039833/220 98 | www. kanustation.de)*. Sehr romantisch sind die ==abendlichen Laternenfahrten== über den Mirower See um die kleine Schlossinsel *(Tel. 039833/218 00 | www.mirower-schiffahrt.m-vp.de)*.

==Insider Tipp==

Die Motorschiffe „Stadt Mirow" und „Estrella" starten von Mai bis Oktober täglich von der *Anlegestelle Rotdornstraße* zu Rundfahrten *(Tel. 039833/222 70 | www.mirower-schif fahrt.m-vp.de)*.

MIROW

■ AUSKUNFT ■

TOURIST-INFORMATION
Torhaus | Mirow | Tel. 039833/280 22 | www.mirow.m-vp.de

■ ZIELE IN DER UMGEBUNG ■

GROSSER STECHLINSEE   [118 B–C5]

Durch seinen letzten Roman „Der Stechlin" (1899) hat Theodor Fontane den im Brandenburgischen liegenden See – 55 km von Mirow entfernt – weithin bekannt gemacht. Er ist immer noch so schön wie zu Fontanes Zeiten, sein Wasser gilt als das sauberste weit und breit. Einmalig an warmen Sommertagen: in Neuglobsow am Ostufer ein Boot mieten, ans andere Ufer rudern, die Stille der Natur genießen und zum Erfrischen vom Boot ins Wasser springen.

Insider Tipp

SCHLOSS RHEINSBERG ★   [116 B6]

Mit seiner Liebesgeschichte „Rheinsberg – Ein Bilderbuch für Verliebte"

machte Kurt Tucholsky die märkische Kleinstadt (5000 Ew., 38 km südlich von Mirow), zum Wallfahrtsort. Wie einst das Berliner Pärchen Claire und Wölfchen wollen die Gäste „eine Reihe leuchtender Tage" erleben. Im Schloss sind Räume aus der Zeit von Kronprinz Friedrich original erhalten, der 1740 als König Friedrich II. (der Große) den Thron bestieg *(April–Okt. Di–So 10–18, Nov.–März Di–So 10–17 Uhr | www.spsg.de, www. rheinsberg.de)*. In einem Seitenflügel entstand das *Kurt-Tucholsky-Literaturmuseum (Di–So 9–12.30 u. 13–17 Uhr | www.tucholsky-museum.de)*.

Ein Schmuckstück wurde das zum Hotel 🔊 *Der Seehof* umgebaute Ackerbürgerhaus von 1750. Mit guter Küche im Kaminrestaurant, Wintergarten und Weinladen im uralten Eiskeller. *19 Zi. | Seestr. 18 | Tel. 033931/ 40 30 | Fax 403 99 | www.seehof-rheinsberg.de | €€*

Im Stil des Rokoko: Schloss Rheinsberg, links das Konzerthaus mit seinem Säulenportal

WESENBERG [116 B3]

Um die 12 km von Mirow entfernte Kleinstadt (3400 Ew.) breitet sich eine ideale Landschaft zum Angeln, Baden, Segeln, Surfen aus. Der  Bergfried der Burg bietet einen schönen Blick, die Heimatstube in der Burg viel Wissenswertes (*Okt.–April Mo–Fr 10–16, Mai, Sept. tgl. 10–17, Juni–Aug. tgl. 10–18 Uhr | www. wesenberg-mecklenburg.de*). Das *Romantik Hotel Borchard's Rookhus am See* entstand direkt am Großen Labussee (*45 Zi. | Wesenberg | Tel. 039832/ 500 | Fax 501 00 | www.rookhus.de | €€€*). Dieses Kleinod hat mit dem Restaurant *Fürst Nikolaus (€€€)* eine Feinschmeckeroase.

NEUSTRELITZ

[116 B–C 2–3] **Den Schlosspark gibt es noch, aber ohne Schloss. Das brannte 1945 aus und wurde bis 1950 abgetragen.**

Hier residierten die Herzöge von Mecklenburg-Strelitz, die ab 1733 das „neue Strelitz" als eine der letzten Barockstädte Europas anlegen ließen. Reichtum besaßen sie nicht, Prunkbauten hat Neustrelitz (23 000 Ew.) deshalb nicht zu bieten, aber dennoch eine Menge Sehenswertes. Dem Kunstinteresse der Herrscher ist der zahlreiche plastische Schmuck zu danken. Die *Schlosskirche* mit reichem filigranem Blenden- und Turmschmuck wurde in den letzten Jahren restauriert und zur *Plastikgalerie (Ostern–Anfang Okt. Di–So 11–18 Uhr)*. In der nahen Grünanlage stehen Denkmale für drei der Großherzöge. Wenn Sie durch den Schlosspark spazieren und die Useriner Straße überqueren, gelangen Sie zum *Zierker See* mit dem neuen, erweiterten Stadthafen.

■ SEHENSWERTES

MARKTPLATZ

Acht Straßen gehen sternförmig von diesem Platz ab. Das Rathaus hat eine durch Arkaden geöffnete Vorhalle. Ein stattlicher Bau ist die Stadtkirche. Deren Turm im toskanischen Stil wird von den Einheimischen kurioserweise „Bodderfatt" (Butterfass) genannt.  Turmbesteigungen sind im Juli und August von Montag bis Freitag möglich.

SCHLOSSGARTEN

Der Park gehört zu den ganz besonders schönen Anlagen in Mecklenburg-Vorpommern. Die Hauptallee sieht noch barock aus. Die anderen Teile wurden im Stil eines englischen Landschaftsgartens umgestaltet. Zu den Baudenkmalen gehören der

Rundtempel mit einer Kopie der berühmten Hebe-Statue von Antonio Canova (die Berliner Nationalgalerie besitzt das Original), die nicht minder berühmte *Orangerie* und die *Gedenkhalle* für die preußische Königin Luise, die einem griechischen Tempel ähnelt.

SLAWENDORF NEUSTRELITZ
Zu sehen ist, wie unsere Vorfahren gelebt und gewohnt haben; außerdem werden alte Handwerkstechniken vorgeführt. *April–Okt. tgl. 10–17 Uhr | am Zierker See | www.slawen dorf-neustrelitz.de*

STADTMUSEUM
Informationen über die Herrscher von Mecklenburg-Strelitz und die Stadtgeschichte. Aus der Blütezeit der Manufakturen stammt das für Mecklenburg typische grüne Waldglas. *Mai–Anfang Okt. Di–So 11–18,* *Anfang Okt.–April Di–So 11–16 Uhr | Schlossstr. 3*

▮ ESSEN & TRINKEN ▮
FORSTHAUS NEUSTRELITZ
Im sanierten Forsthaus von 1912 kommen nur heimische Ökoprodukte auf den Tisch. Im kleinen Hofladen Insid Tip' lässt es sich gut stöbern. *Mo geschl. | Berliner Ch. 1 | Tel. 03981/44 71 35 | www.forsthaus-strelitz.de | €– €€*

LUISENSTUBE
Wenn die Neustrelitzer mit ihren Gästen gut essen gehen wollen, wählen sie die Luisenstube. *Tgl. | Seestr. 8 | Tel. 03981/20 73 90 | www.luisen stube.de | €– €€*

▮ ÜBERNACHTEN ▮
INSELHOTEL BRÜCKENTINSEE 🔊
Das kleine Hotel mit Restaurant liegt völlig allein auf der 4 ha kleinen Insel im großen Brückentinsee

Denkmal für die Göttin der Jugend: der Hebe-Tempel im Schlossgarten von Neustrelitz

MIROW BIS FELDBERG

(18 km südöstlich von Neustrelitz). Verbindung zum Land besteht über eine Brücke. Auf Bildschirmen ist das Leben einer Fischadlerfamilie live zu sehen, denn neben einem 500 m entfernten Horst wurde eine Kamera installiert. Bis zum nächsten Dorf sind es 4 km. *10 Zi. | Wokuhl-Dabelow | Tel. 039825/202 47 | Fax 202 40 | www.inselhotel-brueckentinsee.de | €€€*

LANDHOTEL CAFÉ PRÄLANK
In idyllischer Lage 4 km westlich der City. *19 Zi. | Prälank 4 | Tel. 03981/ 20 09 10 | Fax 20 32 85 | www.land hotel-praelank.de | €*

SCHLOSSGARTEN
24 im Biedermeierstil eingerichtete Zimmer versprechen angenehmen Aufenthalt. *Tiergartenstr. 15 | Tel. 03981/245 00 | Fax 24 50 50 | www.hotel-schlossgarten.de | €€*

■ FREIZEIT & SPORT
▶▶ Abenteuer wie Tom Sawyer! Die 5,50 m langen und 2,70 m breiten Holzflöße, originelle Nachahmungen des Floßes von Tom Sawyer, starten mit bis zu acht Personen zu Abenteuerfahrten über die Seen und Kanäle. Zur Ausstattung der TÜV-abgenommenen Flöße gehören Kajüte, Chemietoilette, Petroleumlampen und ein 5-PS-Außenbordmotor, benutzbar auch ohne Bootsführerschein. *Floßstation Zierker See | Tel. 03981/ 42 15 60 | www.tomsawyer-tours.de*

■ AM ABEND
In der ▶▶ *Alten Kachelofenfabrik* gibt es ein interessantes Filmprogramm, aber auch Rock, Lesungen und Aus-

stellungen *(Sandberg 3a | www.basis kulturfabrik.de)*. Das ▶▶ *Difa Palace (Kühlhausberg 16 | www.difa-palace. de)* ist die angesagteste Disco der Region mit unterschiedlichen Floors. Trotz einer Fläche von 2500 m² ist es gegen Mitternacht proppenvoll.

Das *Landestheater Mecklenburg* bietet Schauspiel, Oper, Operette, Kabarett *(www..theater-und-orchester.de)*.

■ AUSKUNFT
STADTINFORMATION
Strelitzer Str. 1 | Neustrelitz | Tel. 03981/25 31 19 | www.neustrelitz.de

■ ZIELE IN DER UMGEBUNG
ABENTEUERZUG MECKLENBURG [116 B2]
Die 350 m lange ungewöhnliche Herberge, etwa 15 km nordwestlich von Neustrelitz in *Kratzeburg*, bietet 70 Gästen Platz. Man wohnt in 2-, 4-, und 6-Bettabteilen in neun umgebauten, beheizbaren ehemaligen Bauzugwagen der Deutschen Reichsbahn (Bj. 1922–54). In der russischen Diesellok befindet sich ein Apartment. *Mai–Sept. | Am Bahnhof | Tel. 039822/291 77 | Fax 291 78 | www. abenteuerzug-mecklenburg.de | €*

HOHENZIERITZ [116 C1]
10 km nördlich von Neustrelitz liegt ein Wallfahrtsort für Verehrer der Preußenkönigin Luise. Während eines Besuchs bei ihrem Vater, Herzog Carl, war die schöne und kluge Luise 1810 im Alter von nur 34 Jahren in Hohenzieritz gestorben. Im Erdgeschoss des Barockschlosses entstand eine Luise-Gedenkstätte *(April–Okt. Di–Fr 10–11 u. 14–15, Sa u. So 14–17 Uhr | www.museumstour.de)*.

> REUTERSTÄTTEN UND SCHLÖSSER

Zwei gemütliche Tagestouren führen Sie zu geschichtsträchtigen Stätten

Die Touren sind auf dem hinteren Umschlag und im Reiseatlas grün markiert

1 AUF DEN SPUREN VON MECKLENBURGS NATIONALDICHTER

Fritz Reuter gilt als Mecklenburgs Nationaldichter. Er machte Mecklenburg zum Thema seiner Bücher, und viele Touristen machen ihn zum Thema ihrer Reise. Die knapp 100 km lange Tagestour führt zu Reuterstätten, die meist abseits der Touristenstraßen liegen.

Im ehemaligen Rathaus von Stavenhagen *(S. 66)* ist Fritz Reuter zur Welt gekommen. Seine Eltern wohnten hier, der Vater war Bürgermeister. Das Rathaus wurde zum Fritz-Reuter-Literatumuseum, in dem viele Informationen für diese Tour zu haben sind. Schauen Sie sich nach dem Museumsrundgang das Denkmal vor dem Rathaus an: So sah er also aus, Mecklenburgs Nationaldichter! 1836 war er wegen „versuchten Hochverrats und Majestätsbeleidigung" zum Tod verurteilt und dann zu 30 Jahren

Bild: Waren

AUSFLÜGE & TOUREN

Festungshaft begnadigt worden, von denen er vier Jahre verbüßte. Jahre später wird der einstige Aufrührer hoch geehrt, denn er ist berühmt geworden; das Stavenhagener Denkmal wird 1911 sogar vom Großherzog von Schwerin persönlich enthüllt.

In Stavenhagen „reutert" es an allen Ecken und Enden: Reuterplatz, Reuterstraße, Reuterapotheke … Schilder zeigen, wo Reuters Figuren wohnten, denn die meisten hat er dem wirklichen Leben entnommen. Auch den Onkel Herse aus der Erzählung „Meine Vaterstadt Stavenhagen" gab es wirklich. Onkel Herse, der im Haus Markt 4 nahe beim Rathaus wohnte, „wusste alles, konnte alles …", auch flunkern.

Weiter geht es in das 6 km entfernte Scharpzow, wo Reuter im schlichten Gutshaus mit Hoffmann von Fallersleben und anderen Oppositionellen mehrfach diskutierte. Weiter geht es nach **Demzin**, einem der zahlreichen Dörfer in dieser Region, in denen es scheint, als habe die Zeit den Atem angehalten. Gewohnt hat der Dichter von 1842 bis 1845 im backsteinernen Gutshaus, auf das ein Hinweisschild aufmerksam macht.

Sie fahren durch Faulenrost und kommen nach **Rittermannshagen**. Hier sah der Dichter erstmals seine spätere Frau Luise, die Erzieherin im Hause des Pastors war. Reuter musste hartnäckig und geduldig um die sieben Jahre jüngere Frau werben, bis sich die beiden im Mai 1847 verlobten. Die Verlobung soll angeblich im westlichen Giebelstübchen des Pfarrhauses stattgefunden haben, das abseits der Straße im Grünen liegt.

Die Spuren von Mecklenburgs Nationaldichter führen weiter durch **Waren** (S. 56) nach **Jabel**. In diesem Dorf hat sich Fritz Reuter gern aufgehalten, denn sein Onkel Ernst Friedrich war hier Pastor. In Jabel fand Fritz Reuter gute Freunde, so Förster Wilhelm Schlange, der in der Lindenstraße 6a (dem heutigen Forstamtshaus) sein Zuhause hatte, und Küster Heinrich Suhr, der in der Ringstraße 8 wohnte. Der Förster erhielt von Reuter den Namen Slang und kommt in der „Stromtid" sowie in „Läuschen un Rimels" vor, Küster Suhr taucht in mehreren Werken Reuters auf. Neben der mächtigen Eiche vor dem Pfarrhaus saßen sie oft, Fritz Reuter und Pastor Ernst Friedrich Reuter, Küster Suhr und Förster Schlange.

Auf der B 192 und dann auf der B 194 geht es nach **Jürgenstorf**, wo dem Allerweltskerl Unkel Bräsig Reverenz erwiesen werden kann, dem liebenswerten, kauzigen Mann aus der „Stromtid". Auf dem Friedhof, an der Mauer zur B 194, liegt er begraben. Am verwitterten Steinkreuz, vom vielen Grün fast verdeckt, lässt sich nichts mehr entziffern. Deshalb wurde eine Tafel angebracht, die informiert, dass hier der 1848 verstorbene Gutsinspektor J. F. Schecker begraben liegt, den Reuter als Vorbild für seinen Unkel Bräsig wählte.

Den Abschluss der Tour bildet **Neubrandenburg** (S. 73). In der Stadt verbrachte Reuter seine sieben schaffensreichsten Jahre; hier wurde das erste Denkmal ihm zu Ehren in Mecklenburg errichtet. Im Stadtpark, nahe dem Bahnhof, sitzt sein Abbild seit 1893 auf einem Granitsockel. Von den vier Wohnungen der Reuters in der Tollenseseestadt blieb nur die in der Stargarder Straße 35 erhalten.

2 SCHLÖSSER UND HERRENHÄUSER

Mecklenburg war das Land der großen Rittergüter. Den Mittelpunkt der Gutsanlagen bildeten fantasievoll und oftmals aufwendig erbaute Herrenhäuser. Deshalb werden sie vielfach als Schloss bezeichnet. Durch die Bodenreform 1945 wurden die Güter aufgelöst, die Besitzer vertrieben, die Bauwerke verkamen meist. Zu einigen der Schlösser und Herrenhäuser führt diese Tagestour, die eine Länge von etwa 130 km hat.

Die Reise beginnt in **Güstrow** (S. 41) nicht nur, weil hier das größte erhalten gebliebene Renaissanceschloss Mecklenburgs steht, sondern auch, weil dieses Schloss mehr als alle anderen ein steinernes Zeugnis der gesellschaftlichen Entwicklung ist:

Schloss Güstrow: Norddeutschlands bedeutendster Renaissancebau

Als herzögliche Residenz erlebte es rauschende Feste, im Dreißigjährigen Krieg residierte hier eine Zeit lang der berühmte Feldmarschall Wallenstein, danach war es u. a. als Landarbeiterhaus eine Art Gefängnis für leichte Fälle. Schon zu DDR-Zeiten wurde Schloss Güstrow Museum.

Auf der B 104 fahren Sie durch **Vietgest** mit dem letzten barocken Schlossbau Mecklenburgs nach **Teterow** *(S. 67)* und von hier auf der B 108 weiter nach **Burg Schlitz** *(S. 69)* mit Mecklenburgs schönstem klassizistischen Schloss, das ein Nobelhotel beherbergt. Eine Jugendstil-Augenweide ist der 1903 für das Berliner Kaufhaus Wertheim gefertigte Nymphenbrunnen, der seit 1930 im Park des Schlosses plätschert.

Die B 108 führt weiter zur **Müritz**, dem Meer Mecklenburgs. Dort, in dem kleinen Ort **Klink**, lud 1898 die Familie von Schnitzler zur Eröffnungsfeier ihres Schlosses, das sie sich im Stil der Loire-Schlösser des 16. Jhs. direkt am Seeufer hatte bauen lassen. Genau 100 Jahre später knallten erneut die Sektkorken, gab es wieder eine Eröffnungsfeier: Schloss Klink öffnete nach jahrelangem Leerstand und umfassender Sanierung als schickes Hotel *(S. 57)*.

Von der B 192 biegt man nun rechts nach **Wendorf** ab, in dem ein wunderschön restauriertes Schloss das Auge erfreut. Nach einer wechselvollen Geschichte wird es von der Gefährdetenhilfe genutzt; Touristen besuchen gern das Schlosslädchen, das Café und den im englischen Landschaftsstil hergerichteten Park.

Hohenzieritz *(S. 85)*, eingebettet in die hügelige Landschaft des Tollensebeckens, ist eng mit der legendären preußischen Königin Luise verbunden. In dem schlichten Barockschloss am Dorfrand starb Luise am 19. Juli 1810 während eines Besuchs bei ihrem Vater. Zum Gedenken an die Königin entstand nahe beim Schloss der **Luisentempel**. Einen Luisentempel errichtete man auch im Schlosspark von **Neustrelitz** *(S. 83)*, wo einst die Residenz der Herzogsfamilie Mecklenburg-Strelitz stand.

EIN TAG AN DER SEENPLATTE

Action pur und einmalige Erlebnisse.
Gehen Sie auf Tour mit unserem Szene-Scout

WAKE-UP-FAHRT

9:00

Achtung, aufgewacht, denn heute wird's rasant! Erst geht es mit dem Schlepplift zum Start der Sommerrodelbahn den Berg hinauf, um dann mit Highspeed über sieben Steilkurven und sechs Schikanen den Hang hinunterzujagen! Unten angekommen, wartet schon das nächste Highlight – und das gleich am Morgen, denn neben der Rodelbahn liegt ein Freiluftgehege mit Berberaffen. Die pelzigen Tierchen sind supersüß und superfrech. Und zugegeben: Es fällt einem schwer, sich loszureißen, doch der Tag hat erst begonnen. **WO?** *Sommerrodelbahn & Affenwald, Karower Chaussee 6, Malchow* | *Kosten: 2,20 Euro pro Fahrt* | *Tel. 039932/18422* | *www.sommerrodelbahn-malchow.de*

MUTPROBE

11:00

Über schwankende Hängebrücken gehen und sich an Seilgittern nach oben hangeln: Im *Kletterpark Plau* sind Konzentration und Mut gefragt. In 5–8 m Höhe heißt es: nur nicht nach unten sehen! Wer durch den Parcours kommen will, darf nicht den Boden unter den Füßen verlieren. **WO?** *Ziegeleiweg, Plau am See* | *Kosten: 13 Euro* | *Tel. 038735/819738* | *www.hochseilgarten-plau.de*

LECKERSCHMECKER

13:00

Nach der ganzen Action braucht der Mensch etwas zu essen. Auf dem Plan steht Mohnkuchen, groß und lecker – der absolute Hit! Im *Café Altstadt* regiert die Mohnkönigin und zaubert die besten Kuchen der Region. Also rein damit! **WO?** *Steinstr. 52, Plau am See* | *Tel. 038735/44328* | *www.mohnkuchenkoenigin.de*

WASSER MARSCH!

14:00

Das Wakeboard wartet schon. Auf der Müritz heißt es rauf aufs Brett und sich dem Wasser stellen! Wenn sich die Muskeln anspannen und die Geschwindigkeit einem alles abverlangt, dann schießt Adrenalin durch den Körper, und das ist gut so. **WO?** *Katamaran- und Surfmühle, Am Müritzufer 2a, Rechlin* | *Kosten: 8 Euro/Std.* | *Anmeldung unter Tel. 039823/21380* | *www.surfmuehle.de*

TRABI-TOUR

16:00

Ostalgisch geht es weiter! Knatternd und mehr als kultig. Bitte einsteigen, der Trabi läuft schon warm. Über Neustrelitz tuckert man nach Mirow, vorbei an Rechlin, und lässt sich den Ostwind um die Nase wehen. Nicht wundern, wenn entgegenkommende Trabifahrer aufblenden: Man grüßt sich eben untereinander.

WO? *Müritz Tours Spezial, Zum Amtsbrink 3, Waren | Kosten: ca. 50 Euro/2 Std. | Anmeldung unter Tel. 03991/18 04 20 | www.mueritz-tours-spezial.de*

19:00

CHILLOUT-ZONE

„Hakuna Matata" – alles ist bestens! Auf der Floßbar schippert man z.B. ab Granzow dem Sonnenuntergang entgegen. Einen Drink in der Hand, leise Chillout-Musik dringt ans Ohr, der Körper läuft auf Stand-by. Nichts als genießen ist das Motto! **WO?** *Floßbar Hakuna Matata, an der Diemitzer Schleuse, Mirow | Kosten und Anmeldung unter Tel. 039827/30 011 | www.flossbar.com*

FANGFRISCH

20:30

Ran an den Fisch! Den besten gibt's im Restaurant *Klabautermann.* Im kleinsten Fischrestaurant am Warener Hafen sind die Tische rar. Doch keine Panik: Die anderen Gäste rücken gerne zusammen. Forelle, Zander, Aal – wer heimische Fische mag, wird das *Klabautermann* lieben. Und für Frische garantiert die Müritz. **WO?** *Marktstr. 1, Waren | Tel. 03991/66 23 06 | www.klabautermann-waren.de*

22:30

CLUBBING IN WAREN

Schlafen? Daran ist jetzt nicht zu denken! Bar-Hopping steht auf dem Programm. In der Strandstraße im Hafen von Waren liegt ein Club neben dem anderen. Start für alle Nachtschwärmer ist der *Zapfhahn.* Hier stimmt man sich mit einem Bier auf das ein, was die nächsten Stunden so bringen werden. **WO?** *Strandstr. 1 | www.zapfhahn-waren.de*

> # ANGELN, PADDELN UND RADELN

Vor allem am und auf dem Wasser, aber auch an Land
gibt es viele Angebote zur aktiven Betätigung

> Die Mecklenburgische Seenplatte ist Angelrevier, Radler-, Wander- und Wassersportregion par excellence. Wer sich sportlich betätigen möchte, kommt voll auf seine Kosten, niemandem muss es langweilig werden. Vor allem im Sommer sind die Angebote vielfältig. Die Tourist-Informationen informieren über Details.

ANGELN

Die Seenplatte ist ein hervorragendes Angelrevier. Vor allem werden Aale, Hechte, Karpfen, Zander und Schleie gefangen. Für Feriengäste wurde in Mecklenburg-Vorpommern der sogenannte Touristen-Fischereischein *Insid Tip* eingeführt, der in zahlreichen Ausgabestellen erhältlich ist und 20 Euro kostet. Er kann einmal im Jahr erworben werden und gilt bis zu 28 Tage. Dieser Schein ist Voraussetzung, um die Angelerlaubnis für das jeweilige Gewässer zu erhalten. Wo es Fischereischeine und Angelgenehmigungen

> *www.marcopolo.de/mecklenburgseen*

SPORT & AKTIVITÄTEN

gibt, wissen die Tourist-Informationen *(www.mv.maritim.de)*.

■ BADEN ■

Die Seen laden nur an warmen Sommertagen zum Baden ein. Für alle, denen das Wasser dort zu kalt ist, vor allem aber auch, um den Gästen in der kühlen Jahreszeit Badespaß zu bieten, haben sich etliche Hotels Schwimmbäder zugelegt. Gegen Gebühr stehen sie meist auch Nichthotelgästen offen.

In der Region laden auch drei täglich geöffnete Erlebnisbäder ein, die neben Pools noch Saunen, Whirlpools, Strömungskanäle und vieles mehr besitzen: *Oase | Plauer Chaussee 7 | Güstrow | Tel. 0384/855 80 | www. oase-guestrow.de*; *Müritz-Therme | Am Gotthunskamp 14 | Röbel | Tel. 039931/514 90 | www.mueritz.de/ therme*; *Fleesensee SPA | Göhren-Lebbin | Tel. 039932/805 00 | www. fleesensee-spa.de*

■ GOLF ■

Ein 18-Loch-Meisterschaftskurs, ein 9-Loch-Kurzplatz zum Üben für Einsteiger sowie ein Golfodrom mit zwölf verschiedenen Übungsstationen, darunter acht überdachten Abschlagplätzen, sind am Golf- und Sporthotel Schloss Teschow vorhanden. *Golf- und Wellnesshotel Schloss Teschow | Tel. 03996/14 00 | www. schloss-teschow.de.*

In der Ferienanlage Fleesensee befinden sich der Schloss Course sowie der West Course, beide Plätze haben 18 Löcher. Die hat auch der Public Golf, die erste öffentliche Golfanlage in Mecklenburg-Vorpommern. Ebenfalls öffentlich sind der Fun Golf und der Short Course. Die Golf Academy mit zwei 9-Loch-Plätzen ist für Anfänger da. Das Golfodrom mit 400 m Durchmesser und einem Umfang von 1,2 km verfügt, als Herz der Golfanlagen, über 80 überdachte sowie 200 offene Abschlagplätze. *Golf- und Country Club Fleesensee | Göhren-Lebbin | Tel. 039932/804 00 | www. golfclub-fleesensee.de.*

■ HAUSBOOTE ■

In Mecklenburg-Vorpommern darf jeder Kapitän sein. Denn auf einem Großteil der Seen und Wasserstraßen ist Hausbootfahren ==ohne amtlichen Sportführerschein== möglich. Pflicht ist eine dreistündige Einweisung in Theorie und Praxis durch den Bootsvermieter, der einen Charterschein nur für dieses Boot und die gebuchte Fahrt ausstellt. Solche Hausboote dürfen nicht länger als 15 m sein, nicht schneller als 12 km/h fahren und nicht mehr als zehn Personen an Bord haben. Hausboote sind schwimmende

Insider Tipp

Ein Zweierkajak erfordert gute Koordination

SPORT & AKTIVITÄTEN

Ferienwohnungen mit großem Balkon – dem Deck. Sie sind komplett ausgestattet, verfügen fast alle über eine Pantry mit Herd und Kühlschrank, meist sogar mit Geschirrspüler. Fließend heißes und kaltes Wasser sind wie auch WC und Dusche selbstverständlich. Buchung z.B. bei *Kuhnle-Tours | Boekerstr. 1 | Rechlin | Tel. 039823/26 60 | www. kuhnletours.de*

◼ PADDELN & RUDERN ◼

Boote der verschiedensten Art stehen in zahlreichen Ferienorten zum Mieten bereit. Mehrere Unternehmen bieten geführte Kanutouren an, zu denen oft auch Personen- und Bootstransfer gehören. Naturkundliche Kanutouren, die etwa vier Stunden dauern, führt die *Kanustation Granzow (Granzow | Tel. 039833/218 00 | www.kanustation-granzow.de)* durch.

Zahlreiche Kanutouren, z.B. die 10-Seen-Runde über 42 km oder die 20 km lange Paradiestour über den Krakower See sind unter *www.tau send-seen.de* aufgeführt.

◼ RADFAHREN ◼

Das flache Land ist bei Radlern beliebt. Das Radwegenetz wurde in jüngster Zeit stark ausgebaut, Fernradwege stellen die Verbindung zu anderen Regionen her. So führt der 614 km lange Seen-Radweg von Lüneburg nach Wolgast durch das mecklenburgische Seengebiet. Rund 190 km lang sind die Radwege im Müritz-Nationalpark. Fahrräder stehen in fast allen Ferienorten zum Mieten bereit, auch viele Hotels haben welche für ihre Gäste. Komfort-Radwandertouren mit Gepäckservice:

Die Mecklenburger Radtour | Zunftstr. 4 | Stralsund | Tel. 03831/ 28 02 20 | www.mecklenburgerrad tour.de

◼ REITEN ◼

In der endlos erscheinenden Wald- und Wiesenlandschaft Ausritte zu unternehmen, fasziniert Pferdefreunde. In den letzten Jahren sind viele modern ausgestattete Reiterhöfe entstanden, meist haben sie auch Boxen für Gastpferde. In zahlreichen Ferienorten sind auch Kutschen und Kremser für Ausfahrten zu mieten. Auskunft: *Landurlaub Mecklenburg-Vorpommern e.V. | Griebnitzer Weg 2 | Dummerstorf | Tel. 038208/606 72 | www.landurlaub.m-vp.de | www.rei ten-in-mv.de*

◼ WASSERSKI & SURFEN ◼

In Feldberg befindet sich das Wasserski-Zentrum von Mecklenburg-Vorpommern. Surfschulen sind mehrere vorhanden, nicht nur für Anfänger, Fortgeschrittene können Aufbaulehrgänge besuchen. In ist das Kitesurfen: Auf einem Surfbrett stehen und von einem Drachen gezogen mit hoher Geschwindigkeit über das Wasser jagen. Etwas Besonderes bietet Neubrandenburg auf dem Reitbahnsee: eine Wasserski-Seilbahn. Das beim herkömmlichen Wasserski übliche Boot fällt weg, dafür zieht ein maschinell betriebenes Seil von einer Rampe aus die Sportler auf rund 800 m mit etwa 30 km/h übers Wasser. *April–Okt. tgl. 10 Uhr bis Einbruch der Dunkelheit | Wasserski Neubrandenburg | Reitbahnweg 90 | Tel. 0395/421 61 61 | www.wasserski seilbahn.de*

> BLICK IN DIE UNTERWASSERWELT

Auch bei Regenwetter bietet die Seenplatte Kindern interessante und spannende Vergnügungen

> Radeln und Bootfahren stehen im Sommer wohl an erster Stelle, doch auch da macht manchmal mieses Wetter einen Strich durch die Planung. Ihre Kinder müssen aber deshalb nicht quengelig werden. Im Bereich der Mecklenburgischen Seenplatte gibt es manches, das die Herzen des Nachwuchses erfreut, zum Beispiel Kinderfeste in vielen Orten. Oft ist es auch möglich, die Kleinen für eine Zeit des Tages der Obhut des örtlichen Kindergartens anzuvertrauen.

Bild: im Natur- & Umweltpark Güstrow

SCHWERIN & UMLAND

DORFSCHULE IM FREILICHTMUSEUM MUESS   [107 D5]

Eine Schiefertafel und eine Rechenmaschine aus Holz sind in dem einklassigen Schulraum zu sehen. Die Einrichtung erinnert an die Zeit vor mehr als 100 Jahren. Damals unterrichtete der Lehrer alle Schüler des Dorfes in einem Raum. Die Bibel war das wichtigste Lehr- und Lese-

MIT KINDERN UNTERWEGS

buch. Pantoffelgymnasium wurden die Dorfschulen scherzhaft genannt, weil in ihnen die Holzpantinen der Landarbeiterkinder klapperten. Der Lehrer bekam damals einen Teil seiner Einkünfte in Naturalien. Die Schule in Mueß wurde um 1836 erbaut. *Mai–Sept. Di–So 10–18 Uhr, Okt. 10–17 Uhr | Freilichtmuseum Schwerin-Mueß | Alte Crivitzer Landstr. 12 | Eintritt 3,50 Euro, Kinder 2,50 Euro, Familien 7 Euro*

GÜSTROW BIS GOLDBERG

NATUR- & UMWELTPARK [108 B3]

In Güstrow können Sie einen Fluss in einem 12 m langen Tunnel durchwandern und so in die Unterwasserwelt der in den Mecklenburger Gewässern heimischen Tiere und Pflanzen abtauchen. Dicke Glasscheiben ermöglichen interessante Einblicke; Hechte, Forellen und Aale lassen sich bei ihren Raubzügen verfolgen.

Monatlich gibt es Termine *(Anmeldung: Tel. 03843/246 80)* für **Wolfswanderungen** in der Dämmerung mit Wolfsfütterungen, bei denen Sie und Ihre Kids das einzige Wolfsrudel Mecklenburgs beobachten können. Das Gehölz, in dem die geselligen Vierbeiner leben, können Sie am Tag auf einem Hochweg überqueren. *April–Okt. tgl. 9–19, Nov.–März 9–16 Uhr | Natur- & Umweltpark Güstrow | Verbindungschaussee | www.nup-guestrow.de | Eintritt 7 Euro, Kinder 3 Euro, Familien 17 Euro*

Steife Brise im Binnenland: Junioren segeln auf dem Schweriner See

GROSS-SEENLAND

FISCHADLER-KINDERSTUBE   [115 F1]

Im Müritz-Nationalpark und in seiner Umgebung brüten jährlich etwa 50 Fischadlerpaare. Neben dem Nest eines Paares ist eine Kamera installiert, deren Bilder drahtlos auf den Bildschirm in die Federower Nationalpark-Information übertragen werden. Der Blick in die **Fischadler-Kinderstube** ist täglich möglich. Das Weibchen zieht Ende August als Erste ins Winterquartier, das Männchen folgt, wenn die Jungen sich selbst ernähren können. Die verlassen den Horst Ende September. *Mai–Okt. tgl. 9–18 Uhr | Müritz-Nationalpark-Information Federow | Tel. 03991/66 88 49 | www.nationalpark-service.de | Eintritt 1 Euro, Kinder frei*

MECKLENBURGISCHE SCHWEIZ

HAUSTIERPARK LELKENDORF   [109 F2]

Wollschweine, Pommernschafe, Esel, Steppenrinder, Shetlandponys und Thüringer Landziegen tummeln sich in Gehegen und auf Weiden. Der Haustierpark widmet sich vor allem Haustierrassen, die schon fast ausgestorben waren. Im Streichelgehege dürfen Sie die Tiere anfassen. Wer in dem weitläufigen Gelände bis zum Ende wandert, kommt zur *Schnursteinquelle.* Hier wohnte einst der Bauer Schnurstein, der nur von dem Wasser dieser Quelle trank. Er soll, so sagt man, deshalb über 100 Jahre alt geworden sein. *Tgl. 10–18 Uhr | www.haustierpark-lelkendorf.mvp.de | Eintritt 4 Euro, Kinder 2 Euro*

AM TOLLENSESEE

KARTBAHN   [111 D5]

Fahrspaß für die ganze Familie ohne Führerschein, Stau, Tempolimit und wetterunabhängig. Auf der 1500 m langen Kartbahn am Rande Neubrandenburgs fahren in einer großen Halle kleine Leute in Karts von 4,4 PS, größere in Karts von 6,5 bis 9 PS. Sicherheit garantieren elektronische Ampelanlagen, Rammschutz rundum und der obligatorische Schutzhelm. Für die Zwei- bis Sechsjährigen sind Minikarts mit Elektromotor vorhanden, die auf separater Strecke fahren. *Mi–So 13–23 Uhr (in den Schulferien auch Mo/Di) | Nonnenhofer Str. 17 | Neubrandenburg | www.kart-nb.de | 10-Min.-Fahrt 8 Euro (5,5 PS), und 10 Euro (6,5 PS)*

SOMMERRODELBAHN [111 D6]

Mit dem Lift bergauf, mit Schwung bergab. Die Sommerrodelbahn in Burg Stargard hat acht Steilkurven, zwei Brücken und ist 720 m lang. Man setzt sich am Fuß des Hunnenbergs in den Schlitten, den ein Lift zum Start der Strecke zieht. Kinder ab 8 Jahren dürfen allein hinunterrodeln – wenn die Höchstgeschwindigkeit von 40 km/h erreicht ist, bremsen die Schlitten automatisch ab. *März–Okt. tgl. 10–18 Uhr, Juli/Aug. 10–20 Uhr | www.rodelbahn-burgstargard.de | Fahrt 2 Euro, Kinder 1,50 Euro, Familien: 8 Fahrten 8 Euro*

■ MIROW BIS FELDBERG

DRAISINENFAHRT [116–117 C–F 4–5]

Von Fürstenberg/Havel über Lychen nach Templin und zurück können Sie – natürlich mit Ihren Kids – 30 km auf stillgelegten Bahngleisen „radeln". Die vierrädrigen Draisinen, so der Fachausdruck, werden per Beinkraft über Pedale angetrieben, was leichter als beim Fahrrad geht. Auf der Draisine sitzen zwei Personen hinter- bzw. nebeneinander, auf einer Bank haben zusätzlich zwei Kinder oder ein Erwachsener Platz. Möchten die Kids an einer schönen Stelle herumtoben, wird die Draisine einfach von den Schienen gehoben.

April–Okt. tgl. 9–18 Uhr nach Anmeldung bei Bex Reisen | Mannheimer Str. 33/34 | Berlin | Tel. 030/873 02 21 u. 0160/97 45 02 36 | www.draisine.com | pro Draisine und Strecke Mo–Fr 46 Euro, Sa u. So 49 Euro

SLAWENDORF [116 B2]

Am Zierker See wird Geschichte lebendig: Das frühmittelalterliche Dorf mit seinen rohrgedeckten Hütten demonstriert, wie die Menschen in dieser Region vor 1000 Jahren gelebt, gewohnt und gearbeitet haben. An bestimmten Tagen werden alte, tradi-

Kinderfeste allerorten bereichern den Sommerurlaub

tionelle Gewerke wie Holzbearbeitung, Schmieden, Töpfern und Flechten demonstriert, und Besucher haben die Möglichkeit, sich kreativ zu betätigen. *Insider Tipp* *April–Okt. tgl. 10–17 Uhr | Slawendorf | am Zierker See | www.slawendorf-neustrelitz.de | Eintritt 3 Euro, Kinder 1,50 Euro, Familien 8 Euro*

> VON ANREISE BIS WETTER

Urlaub von Anfang bis Ende: die wichtigsten Adressen und Informationen für Ihre Reise zur Mecklenburgischen Seenplatte

▪ ANREISE ▪▪▪▪▪▪▪▪▪▪▪

AUTO

Von Hamburg aus auf der Küstenautobahn A 20, die nördlich der Seenplatte verläuft, oder auf der A 24, die südwestlich an der Seenplatte vorbeiführt. Von Berlin aus sind Schwerin und die Mecklenburgische Großseenlandschaft auf der A 24/A 19 zu erreichen. Durch das Neustrelitzer Kleinseengebiet nach Neubrandenburg führt die B 96.

BAHN

Aus Richtung Westen bis Rostock, aus Richtung Süden bis Berlin, von dort mit Regionalbahn durch die Mecklenburgische Großseenplatte.

Autozüge verkehren von München, Salzburg und Villach nach Berlin. Nach Hamburg kann man von München, Lörrach und Villach fahren. Von beiden Städten ist es nicht weit bis zur Seenplatte *(www.autozug.de)*. Täglich verkehrt der moderne Nachtreisezug *CityNightLine* von Zürich über Süddeutschland mit Zustiegen in Freiburg, Heidelberg, Frankfurt nach Berlin. Weiter mit Regionalzügen bis Waren oder Neustrelitz. *www.citynightline.ch*

FLUGZEUG

Die nächsten internationalen Flughäfen sind Hamburg und Berlin. Flüge zum Flughafen Rostock sollten Sie

> WWW.MARCOPOLO.DE

Ihr Reise- und Freizeitportal im Internet!

> Aktuelle multimediale Informationen, Insider-Tipps und Angebote zu Zielen weltweit ... und für Ihre Stadt zu Hause!

> Interaktive Karten mit eingezeichneten Sehenswürdigkeiten, Hotels, Restaurants etc.

> Inspirierende Bilder, Videos, Reportagen

> Kostenloser 14-täglicher MARCO POLO Podcast: Hören Sie sich in ferne Länder und quirlige Metropolen!

> Gewinnspiele mit attraktiven Preisen

> Bewertungen, Tipps und Beiträge von Reisenden in der lebhaften MARCO POLO Community: *Jetzt mitmachen und kostenlos registrieren!*

> Praktische Services wie Routenplaner, Währungsrechner etc.

Abonnieren Sie den kostenlosen MARCO POLO Newsletter ... wir informieren Sie 14-täglich über Neuigkeiten auf marcopolo.de!

Reinklicken und wegträumen! *www.marcopolo.de*

> MARCO POLO speziell für Ihr Handy! Zahlreiche Informationen aus den Reiseführern, Stadtpläne mit 100 000 eingezeichneten Zielen, Routenplaner und vieles mehr. *mobile.marcopolo.de* (auf dem Handy) *www.marcopolo.de/mobile* (Demo und weitere Infos auf der Website)

PRAKTISCHE HINWEISE

aktuell erfragen. *Tel. 01805/00 77 37 |*
www.rostock-airport.de

SCHIFF

Per Boot kann man die Seenplatte von
der Elbe über die Müritz-Elde-Wasserstraße erreichen. Von Hamburg bis
Waren sind es 182 km, 15 Schleusen
sind zu passieren, von Berlin bis
Waren 282 km und 17 Schleusen.

AUSKUNFT

Informationsmaterial gibt es bei den
Tourist-Informationen der Städte. All-
gemeine Infos und Prospekte vom:

TOURISMUSVERBAND
MECKLENBURGISCHE SEENPLATTE E. V.
Turnplatz 2 | 17207 Röbel/Müritz |
Tel. 039931/53 80 | www.mecklenbur
gische-seenplatte.de

TOURISMUSVERBAND
MECKLENBURGISCHE SCHWEIZ UND VOR-
POMMERSCHE FLUSSLANDSCHAFT E. V.
Am Bahnhof 4 | 17139 Malchin | Tel.
03994/29 97 81 | www.mecklenburgi
sche-schweiz.com

TOURISMUSVERBAND MECKLENBURG-
SCHWERIN E. V.
Alexandrinenplatz 5–7 | 19288 Lud-
wigslust | Tel. 03874/66 69 22 | www.
mecklenburgschwerin.de

GELD & PREISE

In den bekannten Ferienorten und in
den Zentren der Städte ist meist alles
teurer als in den Dörfern, bei den
Übernachtungspreisen ebenso wie
beim Essen. Nach günstigen Angeboten sollten Sie stets fragen, beispielsweise bei den Museen nach
Familienkarten.

Abendstimmung am Mirower See

Die gängigen Kreditkarten werden
in den meisten Hotels und größeren
Restaurants entgegengenommen.
Bankautomaten gibt es fast überall.

INTERNET

Die offiziellen Webseiten des Landes-
tourismusverbandes: *www.auf-nach-*
mv.de. Gesundheit, Ernährung, Tourismus, Kultur, Wissenschaft und
Bildung: *www.mv-tut-gut.de*. Jugend-
tourismus in Mecklenburg-Vorpommern: *www.jungesm-v.de*. Viele Ausflugsziele in der Seenplatte: *www.fas*
zination-seenplatte.de. Regionales
Urlaubsportal für die Mecklenburgische Seenplatte: *www.mueritzscout*
24.de. Das Internetportal für die

Müritz-Region: *www.mueritz-online. de*. Die Landesregierung von Mecklenburg-Vorpommern: *www.mv-regierung.de*. Orte in der Mecklenburgischen Schweiz und der Vorpommerschen Flusslandschaft: *www.orte-in-mv.de*. Straßenverkehrsinformationen (Baustellen, Staugefahr, Umleitungen etc.): *http://verkehrsinformation.mv*

>WAS KOSTET WIE VIEL?

> MUSEEN	2-4 EURO	für den Eintritt
> ERLEBNISBAD	CA. 6 EURO	für 2 Stunden Aufenthalt
> RUDERBOOT	CA. 5 EURO	Miete für 1 Stunde
> FAHRRAD	4-6 EURO	Miete für 1 Tag
> BIER	1,70 EURO	für 0,3 l vom Fass
> KAFFEE	CA. 2,50 EURO	für das Kännchen

net.de. Sämtliche Events auf einen Blick: *www.kulturportal-mv.de*. Aktuelles Wetter mit Biowetter, Wetterwarnungen, Pollenflug und Hinweisen für Wassersportler: *www.mv-wetter.info*. Die Badewasserqualität: *www.sozial-mv.de*. Wanderungen in den Nationalparks: *www.natur-mv.de*. Website für Kinder: *www.spiel strand.de*

■ INTERNETCAFÉS & WLAN ■

Internetanschluss ist in den meisten Ferienhotels nicht vorhanden. Demnach ist auch das drahtlose Surfen im Netz an WLAN-Hotspots in den Hotels der Seenplatte noch recht wenig verbreitet. Wer seine E-Mails abfragen oder versenden möchte:

NClub Internet Café | Friedrich-Engels-Str. 2a | Schwerin | Tel. 0385/ 39 68 86 58 | www.nclub.de

Internet-Café Kavelmann | Zierker Str. 65 | Neustrelitz | Tel. 03981/ 48 92 71 | www.ct-tronic.de

Hell Net Mediacafé | Juri-Gagarin-Ring 1 | Neubrandenburg | Tel. 00395/761 56 60 | www.hellnet.com

■ NATIONALPARK-TICKET ■

Das Müritz-Nationalparkticket ist ein Verkehrsverbund von Bus und Schiff, das die Führungen des Nationalparkamtes mit einschließt. Es gibt auch 3- und 7-Tagestickets, die innerhalb von 14 Tagen gelten. Die Busse haben einen Anhänger, der kostenlos Fahrräder befördert, mitfahrende Nationalpark-Ranger geben Erläuterungen. Auch auf den Schiffen werden Fahrräder kostenlos transportiert. *www.nationalparktick et.de*

■ NOTRUFE ■

Feuerwehr/Notarzt *Tel. 112*
Polizei *Tel. 110*
Pannendienst ADAC Rund um die Uhr, *Tel. 01802/22 22 22*

■ ÖFFNUNGSZEITEN ■

Wer bei Restaurants sichergehen möchte, ob geöffnet ist, sollte sich vorher telefonisch erkundigen. Sind keine Gäste mehr da, wird oft vorzeitig geschlossen. Viele kleinere Gaststätten haben einen, im Winterhalbjahr oft sogar zwei Ruhetage.

PRAKTISCHE HINWEISE

Geschäfte haben häufig eine Mittagspause, die jedoch nicht einheitlich ist. Die Ladenöffnungszeiten sind Mo–Fr freigegeben, Sa darf bis 22 Uhr geöffnet sein. Bei den Geschäften in den Ferienorten gilt die Bäderregelung: Von Februar bis November darf sonn- und feiertags von 11 bis 20 Uhr geöffnet sein, ausgenommen sind die gesetzlichen Feiertage.

Bei Museen wird der letzte Besucher meist 30 Minuten vor Schluss eingelassen, im Winterhalbjahr haben einige gar nicht geöffnet. Die Kirchen in den Städten sind im Sommer meist nur stundenweise geöffnet.

PREISE

Achten Sie auf günstige Angebote, beispielsweise bei Museen auf Familienkarten. Von Ende Oktober bis vor Weihnachten und von Januar bis Mitte April. kann man in ausgewählten Drei- und Viersternehotels im Vergleich zum Hauptsaisonpreis bis zu 50 Prozent sparen. Das Doppelzimmer mit Frühstück kostet einheitlich nur 55 Euro.

TELEFON & HANDY

In den reichlich vorhandenen öffentlichen Telefonzellen gibt es meist Kartentelefone, fast alle Hotelzimmer haben Telefon. Handybesitzer brauchen nur kleine Funklöcher zu beklagen.

ZEITUNGEN

Im westlichen Teil der Seenplatte liest man meistens die „Schweriner Volkszeitung" (www.schweriner-volkszeitung.de), im nördlichen die „Ostseezeitung" (www.ostsee-zeitung.de) und im mittleren und östlichen Teil den „Nordkurier" (www.nordkurier.de), die alle montags bis samstags erscheinen.

Monatlich gibt es den „Kulturkalender – Unterwegs in Mecklenburg-Vorpommern" (www.kulturkalender-mv.de) mit den aktuellsten Hinweisen, und einmal im Jahr kommen das Hochglanzmagazin „Mecklenburg-Vorpommern exklusiv" sowie „Seenland – das Magazin der Mecklenburgischen Seenplatte" (www.magazin-seenland.de) heraus.

WETTER IN WAREN

Jan.	Feb.	März	April	Mai	Juni	Juli	Aug.	Sept.	Okt.	Nov.	Dez.
2	2	6	10	16	20	21	21	18	13	7	3

Tagestemperaturen in °C

Jan.	Feb.	März	April	Mai	Juni	Juli	Aug.	Sept.	Okt.	Nov.	Dez.
–3	–3	1	3	7	11	13	13	10	6	1	–1

Nachttemperaturen in °C

Jan.	Feb.	März	April	Mai	Juni	Juli	Aug.	Sept.	Okt.	Nov.	Dez.
2	2	4	6	8	9	8	7	6	4	2	1

Sonnenschein Std./Tag

Jan.	Feb.	März	April	Mai	Juni	Juli	Aug.	Sept.	Okt.	Nov.	Dez.
9	8	8	8	9	9	10	9	9	9	9	10

Niederschlag Tage/Monat

Zotzensee

> UNTERWEGS AN DER
MECKLENBURGISCHEN SEENPLATTE

Die Seiteneinteilung für den Reiseatlas finden Sie auf dem
hinteren Umschlag dieses Reiseführers

REISE
ATLAS

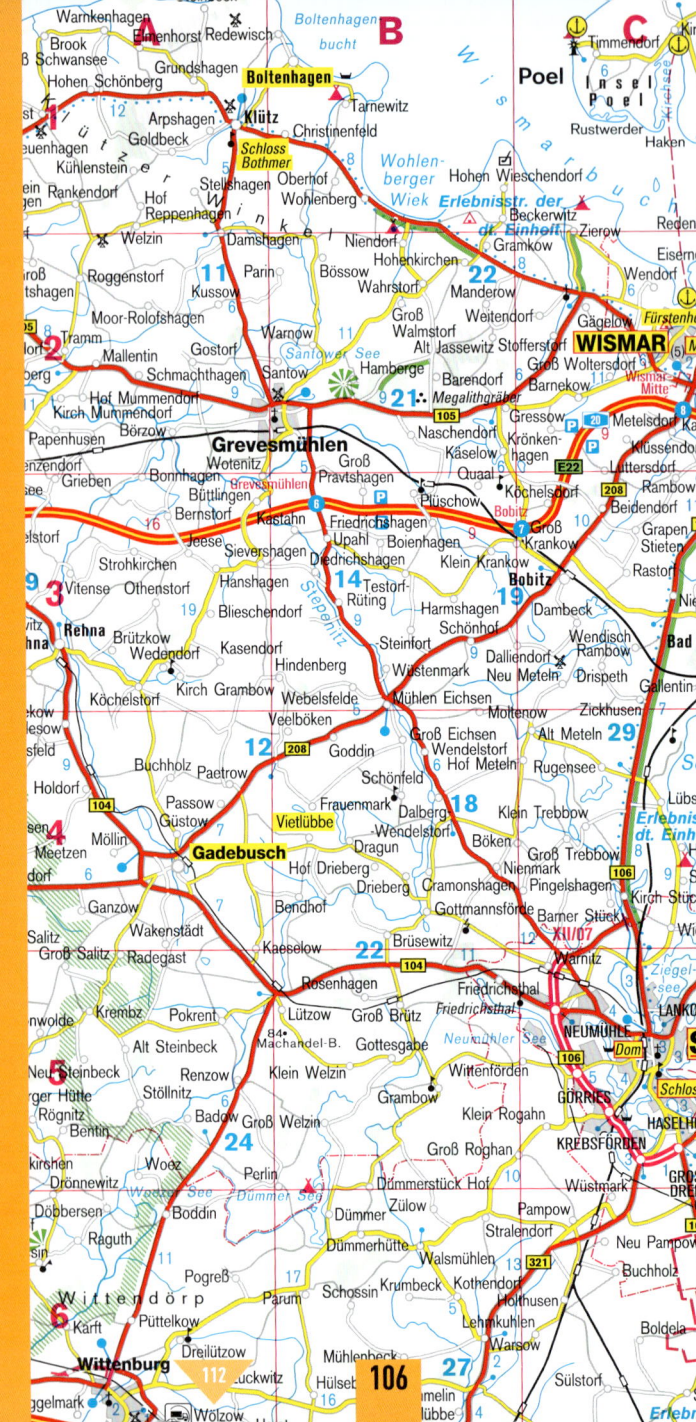

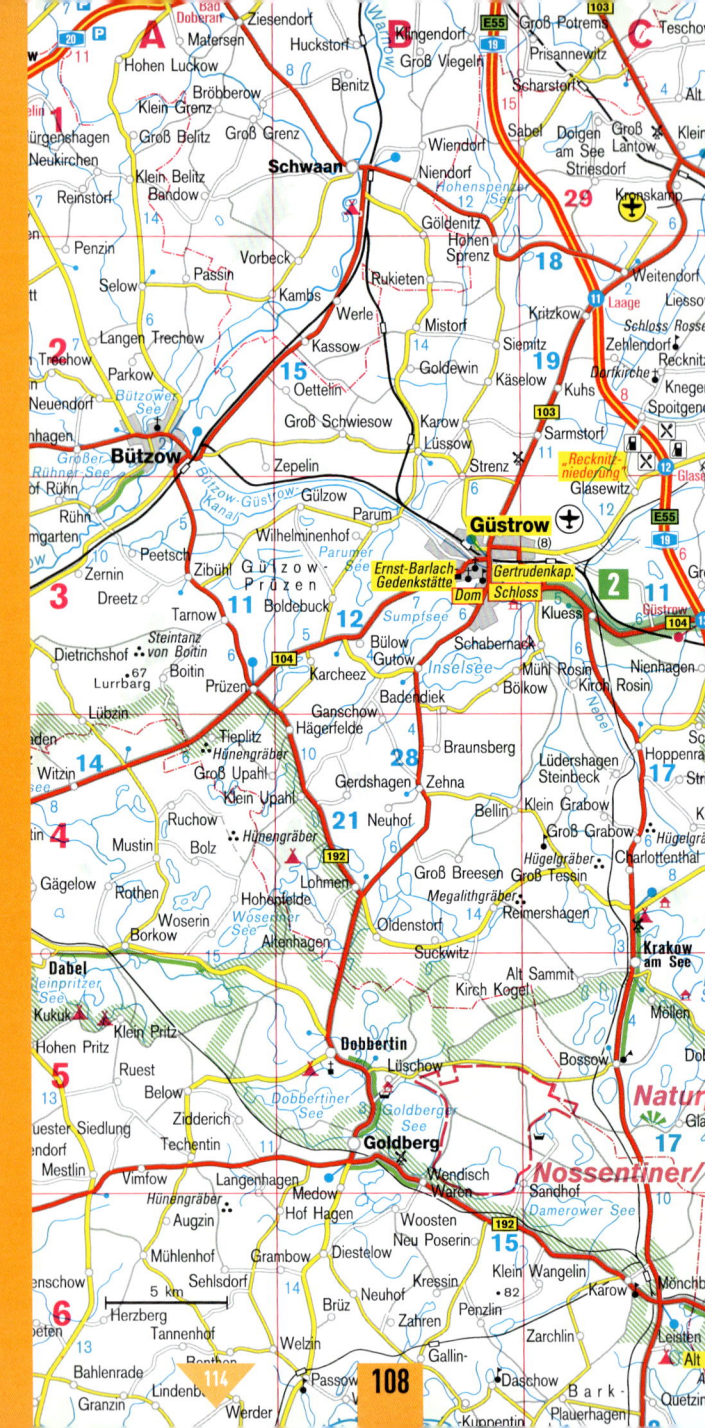

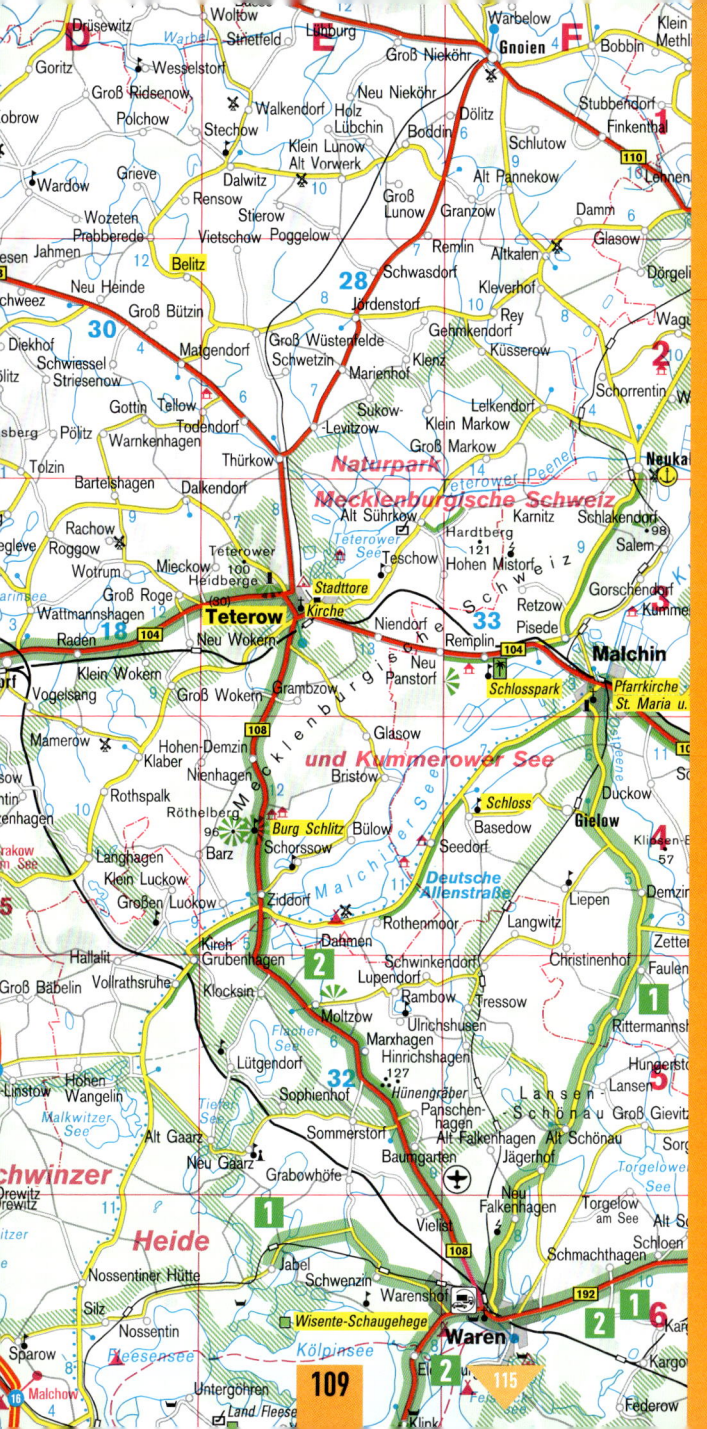

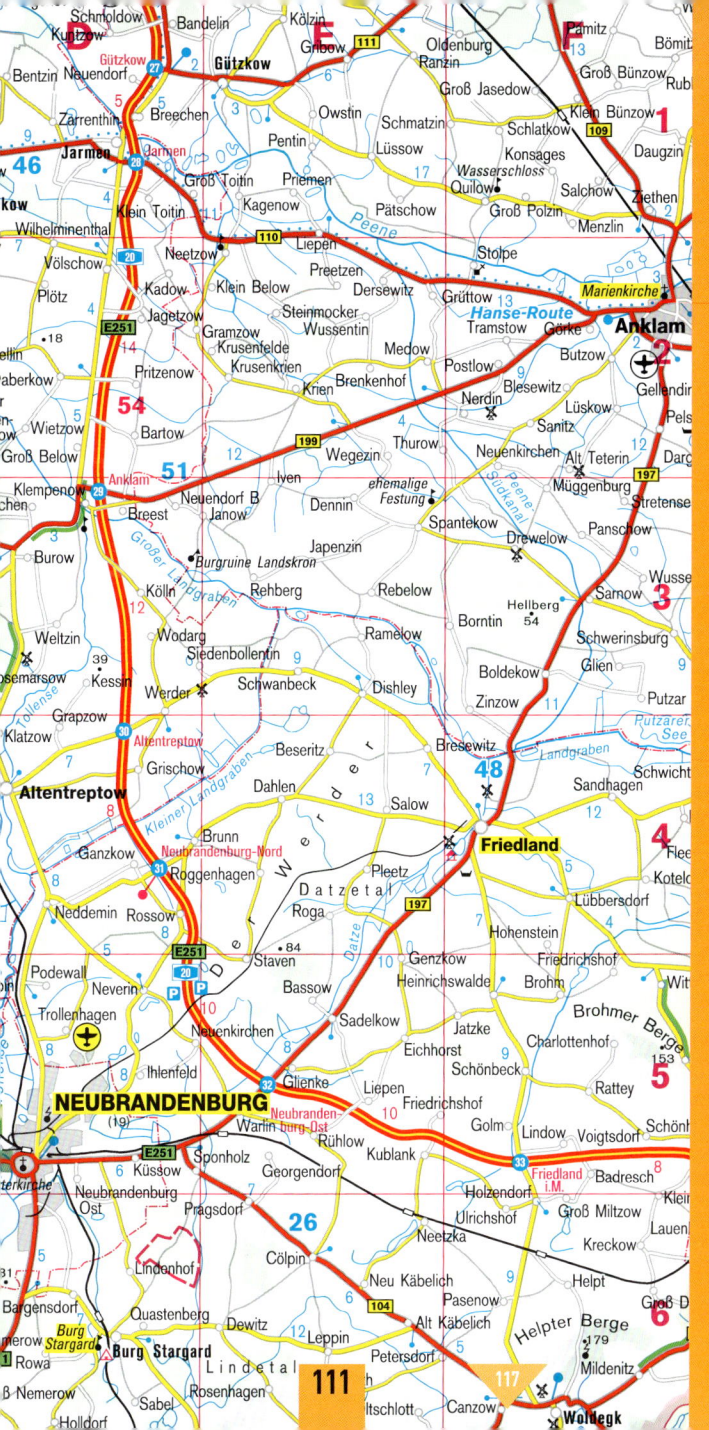

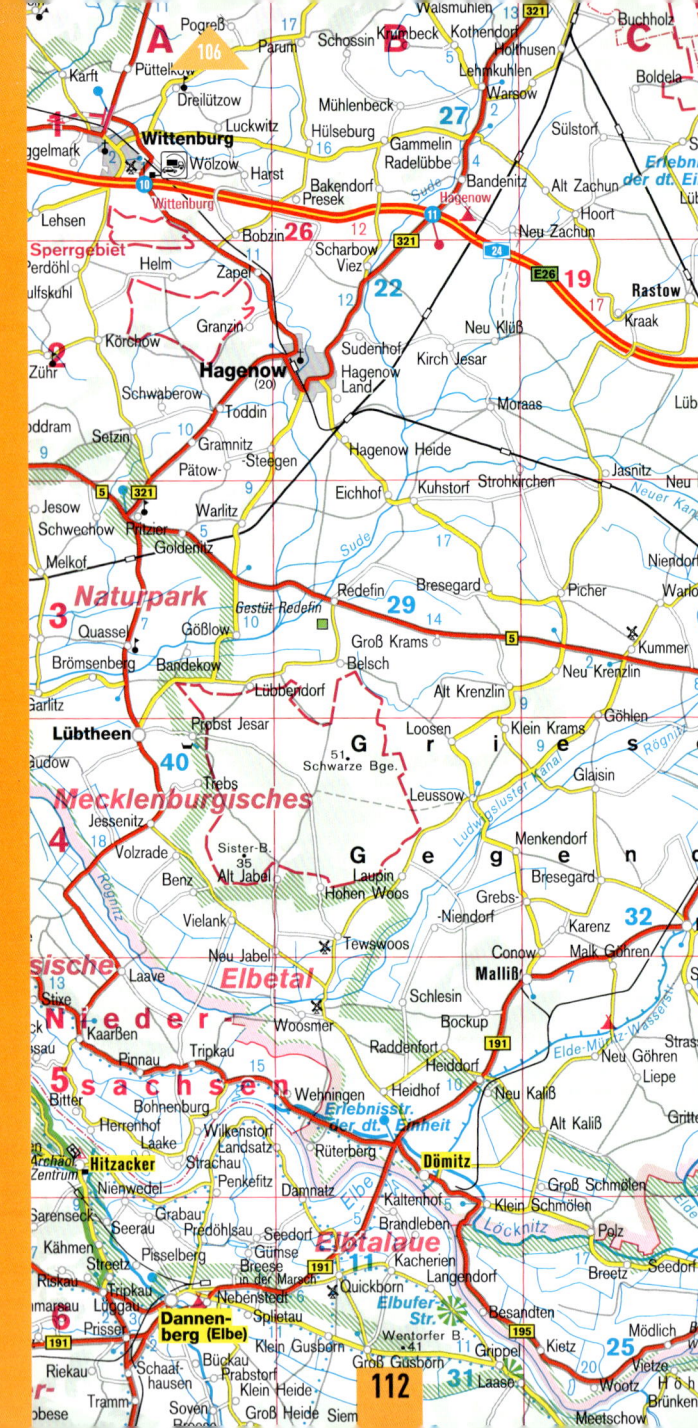

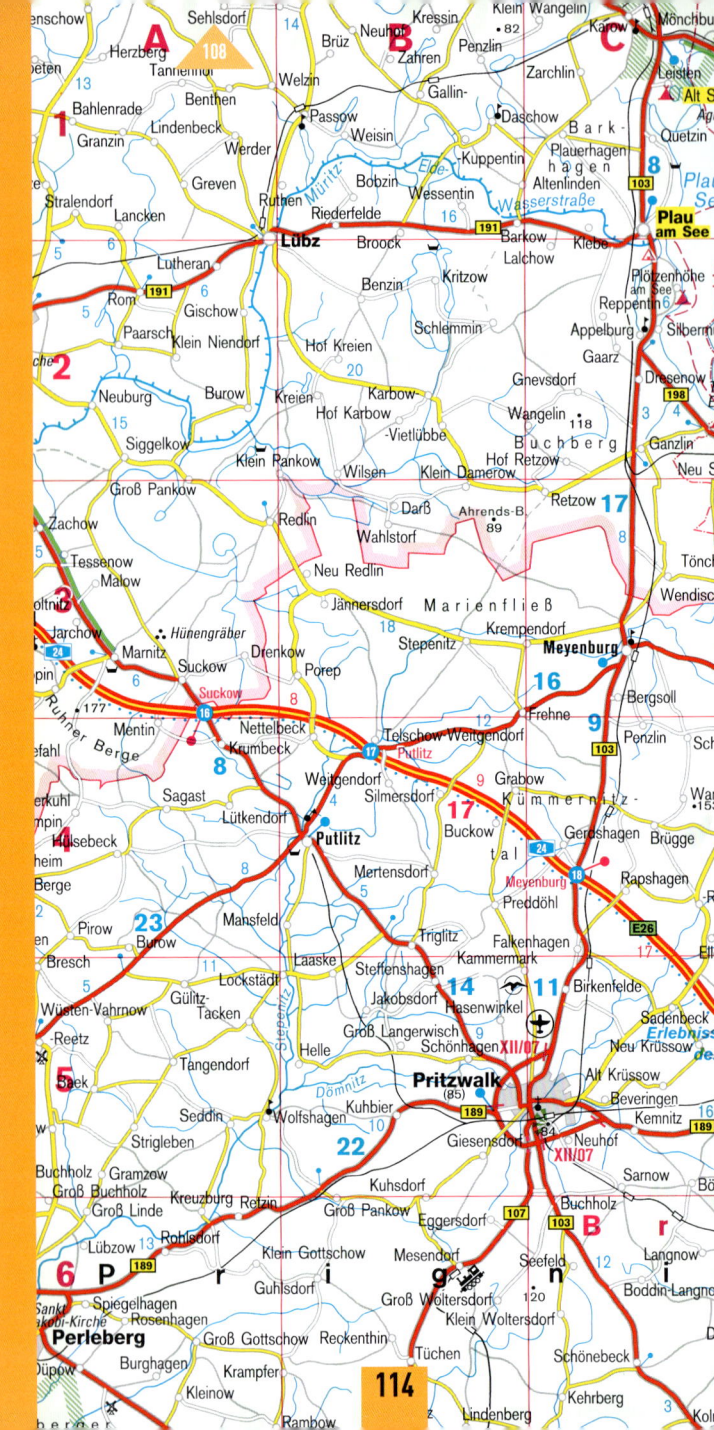

KARTENLEGENDE

Autobahn mit Anschlussstelle und Anschlussnummer		Motorway with junction and junction number
Autobahn in Bau mit voraussichtlichem Fertigstellungsdatum		Motorway under construction with expected date of opening
Rasthaus mit Übernachtung · Raststätte		Hotel, motel · Restaurant
Kiosk · Tankstelle		Snackbar · Filling-station
Autohof · Parkplatz mit WC		Truckstop · Parking place with WC
Autobahn-Gebührenstelle		Toll station
Autobahnähnliche Schnellstraße		Dual carriageway with motorway characteristics
Fernverkehrsstraße		Trunk road
Verbindungsstraße		Main road
Nebenstraßen		Secondary roads
Fahrweg · Fußweg		Carriageway · Footpath
Gebührenpflichtige Straße		Toll road
Straße für Kraftfahrzeuge gesperrt		Road closed for motor vehicles
Straße für Wohnanhänger gesperrt		Road closed for caravans
Straße für Wohnanhänger nicht empfehlenswert		Road not recommended for caravans
Autofähre · Autozug-Terminal		Car ferry · Autorail station
Hauptbahn · Bahnhof · Tunnel		Main line railway · Station · Tunnel
Besonders sehenswertes kulturelles Objekt		Cultural site of particular interest
Besonders sehenswertes landschaftliches Objekt		Landscape of particular interest
Ausflüge & Touren		Excursions & Tours
Landschaftlich schöne Strecke		Route with beautiful scenery
Touristenstraße		Tourist route
Museumseisenbahn		Tourist train
Kirche, Kapelle · Kirchenruine		Church, chapel · Church ruin
Kloster · Klosterruine		Monastery · Monastery ruin
Schloss, Burg · Burgruine		Palace, castle · Castle ruin
Turm · Funk-, Fernsehturm		Tower · Radio or TV tower
Leuchtturm · Windmühle		Lighthouse · Windmill
Denkmal · Soldatenfriedhof		Monument · Military cemetery
Ruine, frühgeschichtliche Stätte · Höhle		Archaeological excavation, ruins · Cave
Hotel, Gasthaus, Berghütte · Heilbad		Hotel, inn, refuge · Spa
Campingplatz · Jugendherberge		Camping site · Youth hostel
Schwimmbad, Erlebnisbad, Strandbad · Golfplatz		Swimming pool, leisure pool, beach · Golf-course
Botanischer Garten, sehenswerter Park · Zoologischer Garten		Botanical gardens, interesting park · Zoological garden
Bedeutendes Bauwerk · Bedeutendes Areal		Important building · Important area
Verkehrsflughafen · Regionalflughafen		Airport · Regional airport
Flugplatz · Segelflugplatz		Airfield · Gliding site
Boots- und Jachthafen		Marina

FÜR IHRE NÄCHSTE REISE

gibt es folgende MARCO POLO Titel:

DEUTSCHLAND

Allgäu
Amrum/Föhr
Bayerischer Wald
Berlin
Bodensee
Chiemgau/Berchtes-
    gadener Land
Dresden/Sächsische
    Schweiz
Düsseldorf
Eifel
Erzgebirge/Vogtland
Franken
Frankfurt
Hamburg
Harz
Heidelberg
Köln
Lausitz/Spreewald/
    Zittauer Gebirge
Leipzig
Lüneburger Heide/
    Wendland
Mark Brandenburg
Mecklenburgische
    Seenplatte
Mosel
München
Nordseeküste
    Schleswig-
    Holstein
Oberbayern
Ostfriesische Inseln
Ostfriesland/
    Nordseeküste
Niedersachsen/
    Helgoland
Ostseeküste
    Mecklenburg-
    Vorpommern
Ostseeküste
    Schleswig-
    Holstein
Pfalz
Potsdam
Rheingau/
    Wiesbaden
Rügen/Hiddensee/
    Stralsund
Ruhrgebiet
Schwäbische Alb
Schwarzwald
Stuttgart
Sylt
Thüringen
Usedom
Weimar

ÖSTERREICH | SCHWEIZ

Berner Oberland/
    Bern
Kärnten
Österreich
Salzburger Land

Schweiz
Tessin
Tirol
Wien
Zürich

FRANKREICH

Bretagne
Burgund
Côte d'Azur/Monaco
Elsass
Frankreich
Französische
    Atlantikküste
Korsika
Languedoc-Roussillon
Loire-Tal
Nizza/Antibes/Cannes/
    Monaco
Normandie
Paris
Provence

ITALIEN | MALTA

Apulien
Capri
Dolomiten
Elba/Toskanischer
    Archipel
Emilia-Romagna
Florenz
Gardasee
Golf von Neapel
Ischia
Italien
Italienische Adria
Italien Nord
Italien Süd
Kalabrien
Ligurien/
    Cinque Terre
Mailand/Lombardei
Malta/Gozo
Oberital. Seen
Piemont/Turin
Rom
Sardinien
Sizilien/
    Liparische Inseln
Südtirol
Toskana
Umbrien
Venedig
Venetien/Friaul

SPANIEN | PORTUGAL

Algarve
Andalusien
Barcelona
Baskenland/Bilbao
Costa Blanca
Costa Brava
Costa del Sol/Granada
Fuerteventura
Gran Canaria

Ibiza/Formentera
Jakobsweg/Spanien
La Gomera/El Hierro
Lanzarote
La Palma
Lissabon
Madeira
Madrid
Mallorca
Menorca
Portugal
Sevilla
Spanien
Teneriffa

NORDEUROPA

Bornholm
Dänemark
Finnland
Island
Kopenhagen
Norwegen
Schweden
Stockholm
Südschweden

WESTEUROPA | BENELUX

Amsterdam
Brüssel
Dublin
England
Flandern
Irland
Kanalinseln
London
Luxemburg
Niederlande
Niederländische
    Küste
Schottland
Südengland

OSTEUROPA

Baltikum
Budapest
Estland
Kaliningrader Gebiet
Lettland
Litauen/Kurische
    Nehrung
Masurische Seen
Moskau
Plattensee
Polen
Polnische Ostsee-
    küste/Danzig
Prag
Riesengebirge
Russland
Slowakei
St. Petersburg
Tallinn
Tschechien
Ungarn
Warschau

SÜDOSTEUROPA

Bulgarien
Bulgarische
    Schwarzmeerküste
Kroatische Küste/
    Dalmatien
Kroatische Küste/
    Istrien/Kvarner
Montenegro
Rumänien
Slowenien

GRIECHENLAND | TÜRKEI | ZYPERN

Athen
Chalkidiki
Griechenland
    Festland
Griechische
    Inseln/Ägäis
Istanbul
Korfu
Kos
Kreta
Peloponnes
Rhodos
Samos
Santorin
Türkei
Türkische Südküste
Türkische Westküste
Zakinthos
Zypern

NORDAMERIKA

Alaska
Chicago und
    die Großen Seen
Florida
Hawaii
Kalifornien
Kanada
Kanada Ost
Kanada West
Las Vegas
Los Angeles
New York
San Francisco
USA
USA Neuengland/
    Long Island
USA Ost
USA Südstaaten/
    New Orleans
USA Südwest
USA West
Washington D.C.

MITTEL- UND SÜDAMERIKA

Argentinien
Brasilien
Chile
Costa Rica
Dominikanische
    Republik

Jamaika
Karibik/
    Große Antillen
Karibik/
    Kleine Antillen
Kuba
Mexiko
Peru/Bolivien
Venezuela
Yucatán

AFRIKA | VORDERER ORIENT

Ägypten
Djerba/
    Südtunesien
Dubai/Vereinigte
    Arabische Emirate
Israel
Jerusalem
Jordanien
Kapstadt/
    Wine Lands/
    Garden Route
Kapverdische Inseln
Kenia
Marokko
Namibia
Qatar/Bahrain/Kuwait
Rotes Meer/Sinai
Südafrika
Tunesien

ASIEN

Bali/Lombok
Bangkok
China
Hongkong/Macau
Indien
Indien/Der Süden
Japan
Ko Samui/
    Ko Phangan
Malaysia
Nepal
Peking
Philippinen
Phuket
Rajasthan
Shanghai
Singapur
Sri Lanka
Thailand
Tokio
Vietnam

INDISCHER OZEAN | PAZIFIK

Australien
Malediven
Mauritius
Neuseeland
Seychellen
Südsee

REGISTER

Im Register sind alle in diesem Reiseführer erwähnten Orte, Ausflugsziele, Schlösser (Herrenhäuser) und Seen sowie einige wichtige Persönlichkeiten aufgeführt. Halbfette Seitenzahlen verweisen auf den Haupteintrag.

SCHREIBEN SIE UNS

Liebe Leserin, lieber Leser,

wir setzen alles daran, Ihnen möglichst aktuelle Informationen mit auf die Reise zu geben. Dennoch schleichen sich manchmal Fehler ein – trotz gründlicher Recherche unserer Autoren/innen. Sie haben sicherlich Verständnis, dass der Verlag dafür keine Haftung übernehmen kann.

Wir freuen uns aber, wenn Sie uns schreiben.

Senden Sie Ihre Post an die MARCO POLO Redaktion, MAIRDUMONT, Postfach 3151, 73751 Ostfildern, info@marcopolo.de

IMPRESSUM

Titelbild: Kajakfahrer am Schilf (alamy: artpartner-images)
Fotos: alamy: artpartner-images (1); Autonome Pfaffenteich Boule Connexion: Sebastian Kopper (13 u.); Café Altstadt: Annemarie Trezak (90 M. l.); Colorvision: Uthoff (4 r.); Die Scheune Bollewick: Bertold Meyer (15 M.); Floßbar: Dorit Ihlenfeldt (91 M. r.); Fotostudio Böttcher (28); HB Verlag: Fischer (U. l., U. M., U. r., 3 M., 22/23, 34, 36/37, 40, 43, 45, 54, 59, 67, 70/71, 89, 98, 99); HB Verlag: Fischer, Ernst Barlach Lizenzverwaltung Ratzeburg (42); O. Heinze (2 l.); Huber: Mehlig (82/83), Schmid (86/87); F. Ihlow (2 r., 3 l., 3 r., 4 l., 11, 21, 50, 65, 72); Initiative Friedrichstraße Schwerin e.V. (15 o.); © iStockphoto.com: Eugene Bochkarev (91 M. l.), Stephan Kohler (91 u. r.), Tomaz Levstek (13 o.); Katamaran- u. Surfmühle (90 u.); Krostial, Caroline&Finger GbR: Dirk Finger (12 u.); S. Kuttig (8/9, 48/49, 52/53, 96/97); Laif: Babovic (60/61), Eisermann (62), Kirchner (6/7, 22, 28/29, 46/47, 69, 74, 76/77, 84, 94); H. Leue (92/93, 104/105); Look: Johaentges (30/31), Wohner (24/25); Mauritius: Mehlig (38/39); maxpress: Heike Homp (12 o.); Müritz Tours Spezial: Cindy Stoll (91 o.); Okapia: Wernicke (16/17); Picture Alliance: Büttner (29), KPA/Theissen (26), Wüstneck (23); Gregor Reisch (90 o. l.); Bernd Rupp (15 u.); K. Sucher (122 l.); K. Thiele (5, 27, 32, 57, 78, 81); Treff-Erlebnisgastronomie: Dahms Frank (14 o.); UM Abenteuerpark Plau GmbH: Heinz-Ullrich Meyer (90 M. r.); Weiland: Daniel Lamann (14 u.); B. Wurlitzer (101, 122 r.)

11., aktualisierte Auflage 2010

© MAIRDUMONT GmbH & Co. KG, Ostfildern
Chefredaktion: Michaela Lienemann, Marion Zorn
Autoren: Kerstin Sucher, Bernd Wurlitzer; Redaktion: Arnd M. Schuppius
Programmbetreuung: Silwen Randebrock; Bildredaktion: Gabriele Forst
Szene/24h: wunder media, München
Kartografie Reiseatlas: © MAIRDUMONT, D-73751 Ostfildern
Innengestaltung: Zum goldenen Hirschen, Hamburg; Titel/S. 1–3: Factor Product, München

> UNSERE AUTOREN

Die MARCO POLO Insider Kerstin Sucher und Bernd Wurlitzer im Interview

Kerstin Sucher und Bernd Wurlitzer leben in Berlin. Die beiden Journalisten haben sich auf die neuen deutschen Bundesländer spezialisiert (www.tourismus-journalisten. de). Durch zahlreiche Veröffentlichungen gelten beide als profunde Kenner von Mecklenburg-Vorpommern.

Sie fahren seit Jahren an die Seenplatte. Wie ist es dazu gekommen?

K. S.: Von Berlin aus ist es ja nur ein Katzensprung in das Land der tausend Seen. Wir lieben die oft noch unberührte Natur, die Seeadler und Kraniche, die Schlösser und Herrenhäuser, die verträumten Dörfer und kleinen Städte. Und nicht zuletzt die Menschen.

Was genau machen Sie beruflich?

B. W.: Wir arbeiten als Tourismusjournalisten. Ich habe Journalistik und Foto-Design studiert und war schon zu DDR-Zeiten als freier Journalist tätig. Von mir gibt es mehr als drei Dutzend touristische, kunstgeschichtliche und länderkundliche Bücher.
K. S.: Ich bin Diplom-Sprachmittlerin, dem Tourismus habe ich mich nach der Einheit zugewandt, in der Klassikerstadt Weimar war ich viele Jahre für das Auslandsmarketing zuständig und habe dadurch die Welt von London bis Tokio bereist. Seit einigen Jahren arbeite ich mit Bernd zusammen, habe mit ihm Reiseführer geschrieben und aktualisiert; auch sind wir für deutschsprachige Zeitungen im Ausland tätig.

Was prädestiniert Sie als MARCO POLO Autoren?

B. W.: Wer sich in einer Region bestens auskennt und weiß, wann und wo etwas Neues passiert, viele Drähte zu vor Ort lebenden Menschen hat, der ist unserer Meinung nach prädestiniert. Da wir auch bei zahlreichen Fachveranstaltungen und Events dabei sind, besteht eine enge Bindung zu Mecklenburg-Vorpommern.

Wie sieht Ihre Freizeit aus?

K. S.: Ich mag Musik und Sprachen, ein guter Roman gehört stets ins Reisegepäck. Bernd hat immer einen Stapel touristischer Fachliteratur und Presseinformationen bei sich, von denen er jedoch mindestens drei Viertel mangels Zeit ungelesen wieder mit zurückbringt.

Mögen Sie die Küche von Mecklenburg-Vorpommern? Ihre Lieblingsspeise?

B. W.: Hier wandert der Fisch frisch auf den Tisch, das kommt uns als leidenschaftlichen Fischessern sehr entgegen. Ich mag Aal gekocht in Dillsauce, Kerstin wählt besonders gern Zander.